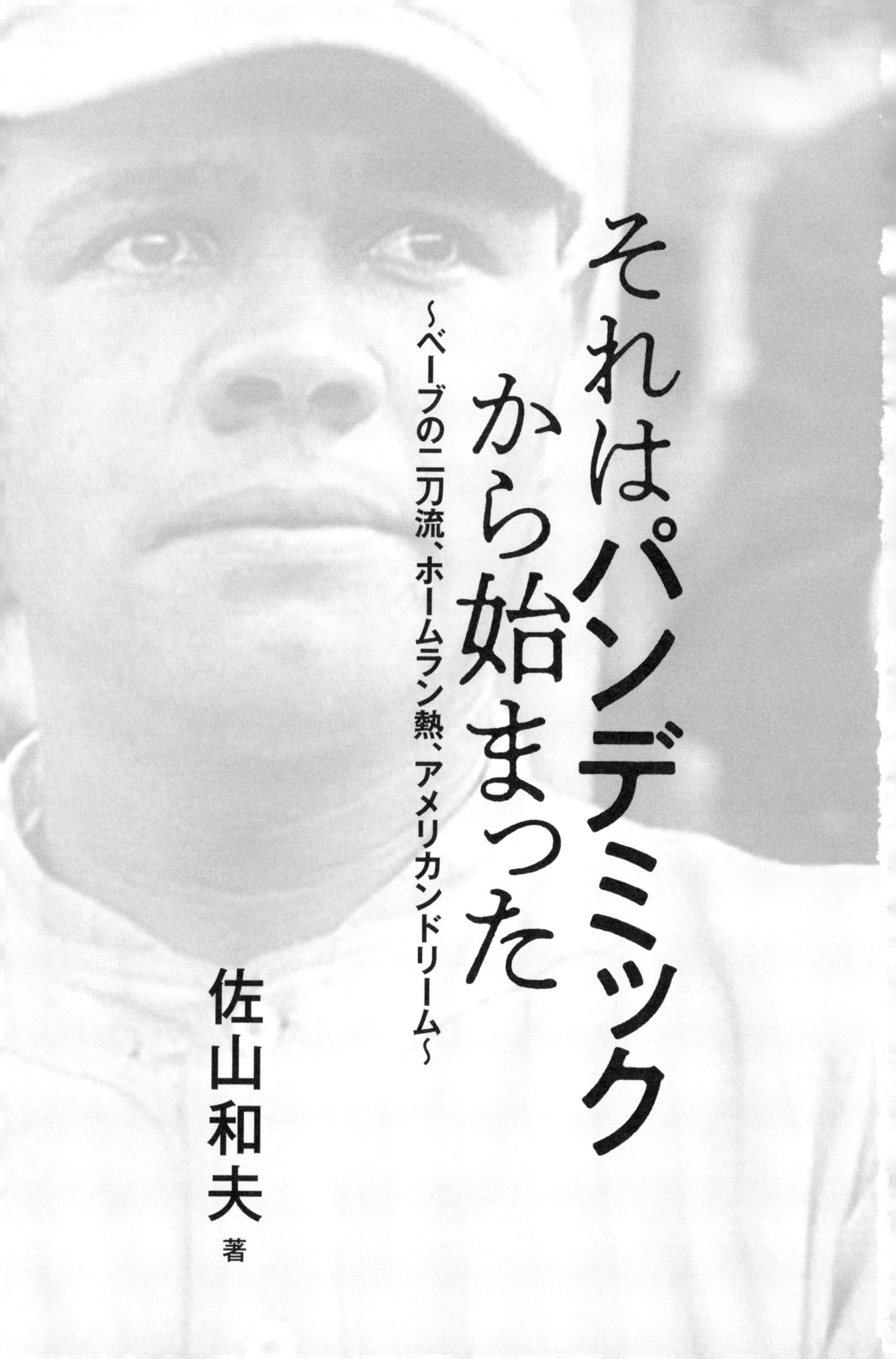

それはパンデミックから始まった

～ベーブの二刀流、ホームラン熱、アメリカンドリーム～

佐山和夫 著

目次

デザイン／イエロースパー
写真／National Baseball Hall of Fame Library/Getty Images（カバー）、佐山和夫
校正／戸田道男

第一章　二刀流への道

ベーブ・ルースの二刀流への関心

きっかけは、大谷翔平投手だった。

彼が大リーグに乗り込み、二刀流への道に進むことを宣言したとき、多くの人がこの若者に声援を送った。何しろ、あの豪華なるメジャーリーグの歴史を駆け登って、スーパーヒーローであるベーブ・ルースに立ち並ぼうというのだから、期待しない方がおかしい。

というのも、日本ハムに入って2年目の2014年に、早くも彼は投手として11勝、打者では10本のホームランを記録したのをはじめ、日本の5シーズンでずっと二刀流に挑戦し、人々を驚かせていたからだ。若さの溢れる彼。その才能や将来性について、監督は太鼓判を押している。私も大谷支援隊の1人となって、彼の歩みを追っていこうと思った。

そうなると気になるのは、当然ながら、ベーブ・ルースのことだ。

ベーブはいつ、二刀流を果たしたのか。

成績はどうだったのか。それに、そもそも、彼が二刀流を始めたわけとは、何だったのか、などだ。

その探索が少し進んだところで、私は意外な事実にぶつかった。ベーブ・ルースの二刀流が、「スペイン風邪」と呼ばれたパンデミックによって生み出されていたことだ。ということはつまり、もしもその時代に「スペイン風邪」なかりせば、彼の二刀流はなかったということなのか。

何ということだ。今まさに「COVID-19（コロナ）」というパンデミックの最中だ。歴史は繰り返すというが、それでは大谷翔平君にとっては、天の刻がきたということになるのではないか。私はますます100年前のベーブ時代の解明にのめり込んでいった。

ホームランの第一号は

初めの二つの疑問程度のことなら、今は便利な時代で、すぐにも情報は得られる。時は、彼が大リーグのレッドソックスに入団して5年目の1918年で、成績は投手として13勝。そしてホームランを11本打ったという。日本における大谷翔平君の2年目の成績と、ほぼ同じ投打両面での二桁なのだとわかった。それ以上の成績だって、大谷選手ならできそうにさえ思える。

20世紀初頭に二刀流で大活躍を遂げたルース（上、レッドソックス）と、21世紀の現在、大リーグに乗り込んで二刀流を実現させている大谷翔平（下、エンゼルス）。100年の時を経て、我々の眼前で歴史は繰り返されている

ベーブの当時の記録を確認してみると、この年にホームランを11本打ったのは、もう1人別にティリー・ウォーカー（アスレチックス）という人がいて、それに並んでのホームラン王だった。なお、この2人に次ぐ人のホームラン数は6本だった。

そんなことがわかってくると、ベーブがますます身近に感じられ、関心はさらにふくらんだ。残る疑問は、当時のベーブに投打の二刀流がどうして可能だったかだ。投打のどちらかに重点を置いていたかはわかりにくいかもしれないが、投手がホームラン王にもなったという快挙なのか、それとも、ホームラン王が投手としても一流だったという常識破りなのか、それも確認してみたかった。

ベーブのホームランを第一号からたどってみようと思って、大リーグで彼の最初を探してみた。それは彼が大リーグ入りして2年目の1915年の5月6日のことだった。ボストン・レッドソックスの左腕投手として、ヤンキースと対戦していた。場所はニューヨークのポロ・グラウンズ。この球場はほかのスポーツも可能な広さがあったため、常に複数形で呼ばれた。もとより、ナショナル・リーグのジャイアンツのホームグラウンドだが、まだ自前の球場を持っていなかったヤンキースは、それを借りて使っていたのだ。

3回、レッドソックス軍攻撃の先頭打者として立ったベーブは、ジャック・ウォホップ投手からの初球を叩くと、打球は高く舞い上がって、ライトスタンドの2階へ飛んだ。通算して714本のホームランを打つことになる彼のメジャー人生の、それは最初の一打だった。ただ、ゲームの方は13回まで続いて、結局は3対4で負けている。ベーブ・ルース自身は、この最初のホームランのことをよくは覚えていないらしいのだ。

１９２８年に出版されたベーブの自伝“Babe Ruth's Own Book of Baseball”の中で、彼自身がこう述べている。

「私の最初のホームランのことだが、それについての質問を、今でも年に１００回ほど受ける。しかし正直いって、それがいつだったのか、投手が誰だったのかなど、私自身はよくは覚えていないんだ。どこかに記録として残されているとは思うんだが、記憶は本当にないんだ。１９１５年のことだとは思うんだけれど」

今では記録ははっきり残されていて、細かいことまで明白だ。

それは、もちろん大リーグでの最初の打席ではなかった。彼は前年の１９１４年に5試合に出ていて、合計10度、打席に立っていた。打ったヒットは2本だった。

１９１５年でも9回目の打席のことだったから、併せて19回目の大リーグでの打席だったことがわかる。安打としては5本目。ホームラン以外では、二塁打3本と単打があった。

しかし、そんなことよりもっと重要なのは、この日の翌日、つまり１９１５年の5月7日に、世界を揺るがした「ルシタニア号事件」が起こっていることだ。

ルシタニア号というのはイギリスの豪華客船で、この時リバプールからニューヨークに向かっていたが、アイルランド沖でドイツの潜水艦に撃墜されたのだ。犠牲者は1198人に上り、128人のアメリカ人が含まれていた。それまでは第一次世界大戦には加わっていなかったアメリカも、これを契機に参戦をしたのだ。つまり、ベーブ・ルースのホームランは、第一次大戦へのアメリカの参戦とほぼ同時に誕生していて、さらにいえば、このあと起きる「スペイン風邪」というパンデミックとも時期を重ねる。不思議な歴史上の一致だ。

あとで詳しく述べるが、ベーブの二刀流誕生には、これら大戦とパンデミックが深く影響していたことが想像できた。戦争と疫病で選手層の薄くなった球団が、急遽、彼に二刀流を促したのだろうという考えが、ごく自然に浮かび上がってくる。

投手としての契約

ベーブ・ルースの第一号ホームランを自分の目で見た観衆の数は5000だったとか。その中には、リーグ会長のバン・ジョンソンなど関係者もいたらしいが、今、私たちにとって重要なのは、専門家として見ていたベースボール・レポーターの言葉だ。

デイモン・ラニオン記者（『ニューヨーク・アメリカン』）は、こう記す。

「ベーブ（赤ん坊）という呼び名にかかわらず、また投手というポジションにもかかわらず、このルース君はなかなかの打者で、彼を三振にとることは相当難しそうだ。3回、彼はジャック・ウォホップ投手の下手からの投球をとらえ、右翼観覧席へのホームランとした。ルース君はボルティモアの職業学校を1年前に出たばかりで、その左腕を買われて、地元マイナーの球団オリオールズを経由してレッドソックス入りした選手。それが今や投手としても打者としても、鬼神の働きをする」

記者の驚きは、やはり投手として登録している彼が予想外の打球を飛ばすことにあったというのも無理はない。それまでの野球界のヒーローといえば、投手とされることが多かったからだ。ベースボールという球技を、打のゲームを見るよりも守りを重視するものとし、その中心に投手を置いていたことによる。マウンドに1人立って、相手の攻撃陣が次々に繰り出す打者たちをなぎ倒していく姿に、観衆は歓声を上げていたのだった。

前出のベーブの自伝の中で、彼自身もこう述べている。

「私がプロ球界に入った頃は、野球は守備中心のゲームだった。話題をさらっていたのも投手や野手たち。2点もとれば、ゲームは決まりだった。あの頃は、本当に凄い投手が立ち並んでいた。ウォルター・ジョンソンの最盛期であったし、ほかにも、グローバー・クリーブランド・アレキサンダーや、ルーブ・マーカード、エディ・プランク等々の大物がいた。彼らはみんな大投手の要件をすべて揃えた人たちで、凄い球を投げた。おまけに、当時はボールに手荒い細工をしたり、投球上のイカサマをしたりなども思うがまま。まったく、打者の人生なんて惨めなものと思わざるを得なかった。それだけじゃない。使用するボールだって、〝デッド・ボール〟といって、重くて、飛ばないものだった」

これに対し、投手陣に傲然として立ち向かっていく打者も、一方のヒーローとなっていた。投手たちが強力であったからこそ、それに挑戦して守備陣を崩す強打者たちが、他方の英雄となっていたのも理解できる。その代表がタイガースのタイ・カッブだった。

バットは短く持つが、しっかりとしたスウィングで強い打球を放ち、内野を抜いて出塁。そして塁へ出たら、今度は猛然と走って塁を奪う。それもただの走塁ではない。スパイクの裏を野手に向けての狡猾なスライディングだ。彼は単なるヒットを二塁打にしたといわれるのも、そのせいであった。

１９０５年にタイガースに入団したあと、23年間も連続して打率・３１０以上を打つことになる選手だ。打率４割以上を四度も記録するが、最高の年は１９１１年で、ホームラン以外の打撃部門すべての首位を独占した。加えて、盗塁王になること６回。ベーブが初ホームランを打った１９１５年には、盗塁96を記録した。

ベーブ・ルースがこれから身を立てていこうとする大リーグの世界とは、そんなところだった。

しかし、もしもベーブが球界のヒーローたらんとすれば、直前の大打撃人であるこのタイ・カッブを凌駕しなければならないのであった。もちろん、彼はまだそのことについてはわかっていなかったし、その意識もなかった。ただ、楽しく野球ができていれば、それでよかったのだ。

衝撃的なガキ

新聞記者の中では、もうすでにベーブの才能の偉大さに気づいていた人が何人かはいたようだ。先述のデイモン・ラニオン記者もその1人だったが、ほかにも『ニューヨーク・トリビューン』紙のヘイウッド・ブラウン記者や、有名なフレッド・リーブたち。彼らの口ぶりは、ベーブの活躍にすでに将来の二刀流の出現をすら想像したかのようだ。

彼らの記事を順に引用させて頂く。

「ヤンキースに立ち向かったのは、才能に満ちたベーブ・ルースという若者だった。彼は昨年ボルティモアの職業訓練学校を出たばかり。オリオールズの監督だったジャック・ダンによって掘り出された逸材だが、仕上がりが早過ぎるといえるほど。勝負には負けたけれども、彼を敗戦投手と呼ぶのは酷というべき活躍だった。彼がライトスタンドの2階席へぶっ飛ばしたホームランは、衝撃的な豪打で、レッドソックスに最初の得点をもたらすものだったし、そのあとにも快打を飛ばしている。もしも、11回の一死走者一、三塁の場面で、もう1本打っていれば、勝利への決定打とできたはずだが、この時には投手に抑えられて三振だった。ループ（ワデル投手。ジャイアンツに所属する当代きっての大左腕）ならぬルースは、左投手としては国内最高。その卓越する輝きを誰も超えることはできない」

「ジョージ・ハーマン・ルースは衝撃的なガキだ。インターナショナル・リーグから昨年きたばかりで、レッドソックスのマウンドで13回を投げた。それは勝利投手となっていてもおかしくはない内容だった。継投した投手がヤンキースを抑えられずに彼らは負けた。『ボストン・ポスト』紙のポール・シャノン記者は、ベーブの投打にわたる途方もない力量への評価を語り始めたが、それはまことに正鵠を射ていて、華やかなものだった。ベーブはライト2階席へ豪華なホームランを放って、シャノン記者の話に花を添えた」

「ライト・クロス」というペンネームで『ニューヨーク・イーブニング・ジャーナル』紙に書かれた記事は、さらにベーブには好意的だった。

「ベーブ・ルースというプレイヤーが一流選手なのは間違いない。投手として中々のものだし、まずは多才だ。マウンドから様々な球種の球を送ってくるだけではなく、その上に、ホームランと数本のヒットを見舞う。投手をしていない時には、外野手とかピンチヒッターとかに使われている。今日のように効率的な選手起用が強いられる時代には、このような選手はまことに理想的だ。

彼が3回の初めに打った右への快打は、ドサッという音を立てて、2階観覧席を襲った。投手のジャック・ウォホップは、その相手投手の方を恨めしそうに眺めていたが、ベーブはこんなことはお手のものといった風だった」

打たれた投手についても、記者は追記していて、〝投手に〟打たれたことで精神的に深く傷ついて、それから立ち直っていないとする。ベーブはごく自然に打っている感じだったから、余計に衝撃は大きかったろうし、先輩投手を立てることもせず、あっさりと打ち崩すベーブのエチケット違反について、ほかの投手たちにも注意することを勧告したろうと書いた。

それから4週間あとの6月2日、レッドソックスはまたもやポロ・グラウンズでヤンキースと戦い、マウンドにあったのは、またしてもベーブ・ルース。相手も同じジャック・ウォホップだった。

2回、走者を一塁に置いて、彼はまたもや右翼席に一撃。以前の打球よりさらに10フィート遠くへ、それは飛んでいた。この試合ではベーブは負け投手にはならず、7対1の勝利。こうしてベーブ・ルースは投打に優れた選手として名をあげていった。

「私は投手」

これらの話を総合して確実にいえるのは、ベーブは20歳になったばかりの時期に、すでにプロの世界で投打に大活躍のできる選手になっていたことだ。その両面でなく、片方においてさえ、そうなるのは至難なこと。それがそんなに早い時期にもうできていたわけを解明しければならない。そしてこの3年後の1918年には、投手としての13勝と打者としての11ホームランの、見事な二刀流を達成するわけなのだ。

ただ、当時のベーブ自身は、自分の能力のことをどう見ていたのか。

それは1928年刊行の前記の自伝に、正直に書いている。


「レッドソックスにいた時代には、私は自分を大した打者とは思ってもいなかった。打つのは好きだったがね。みんなそうだろう。バットを持って打席に立つことを、好まない者はいない。

しかし、私がそのボストンの球団でしていたのはピッチング。私は投手だったんだ。私が今日でも最も誇りにしている記録はワールド・シリーズでの連続イニング無失点(29回⅔)だ。

ああ、それともう一つ、レッドソックス時代の投手としてのことで、思い出すたびにニヤリとすることがある。それはデトロイトでのゲームだった。回は9回。無死。わがレッドソックスが1点リードしていた。その場面で、私はデトロイトの強打陣、すなわちボブ・ビーチ、タイ・カッブ、サム・クロフォードの三者を連続三振に切ってとったんだ。その時は、ホームランを打った時の喜びなんて小さいものと思ったものさ」


もしもこの時期に、「君は投手なのか、打撃人なのか」と聞かれていたら、彼は前者だと答えていたことだろう。しかし、それもあと数年のこと。時は次第に打撃中心へと移っていく。

ベーブ自身の話によれば、野球を投手中心のゲームから打撃中心の方へ移行をリードしたのは、ニューヨーク・ジャイアンツ（ナショナル・リーグ）のジョン・マグロウ監督だったという。マグロウ監督は考え方において、人よりはいつも一歩進んでいて、常に新しいことを探索していたらしい。ワールド・シリーズで、ベーブは彼と一、二度は衝突したことがあり、その鼻っ柱をへし折ってやろうとも思ったらしいのだが、マグロウの優れた才能には敬意を持っていた。

野球というゲームにはもっと動きがなければならないといって、盗塁を増やし、ヒット・エンド・ランなどを多用したのがマグロウ監督だった。選手へのアドバイスも積極的だった。打席に向かう打者に対して発する言葉も人並みではなかった。それまでの監督たちは、たいてい「待て。よく選球するんだぞ」などといっていたのに、彼は打者の背中を叩いて、こういう。

「行け。あんなタマネギ球なんか、ぶっ叩いてやれ。1マイルほど飛ばしてやれ。お前の方が力は上だ」

こうしたやり方をほかの監督たちも真似るようになって、打撃の時代へと移行したのだという。ベーブの感謝はここにも読める。

「こうした変化は、私が大リーグに入ってから起きたことで、ここにおいても私は実に幸運だったと思う。投手主体の時代に私も投手だったのだし、それが打者の時代へと移行した時に、私は打者への道を進んだのだから」

打撃の時代への移行には、ほかでもないベーブ自身がその前進に最も大きく働いていたというのに、そのことを語らないのもベーブらしい。立ち向かうべき彼の個人的な強敵には、先のタイ・カッブもいれば、マグロウ監督のジャイアンツもあった。ペナントレースで、あるいはワールド・シリーズで対決することになるそれらのライバルに対する用意については、のんびり屋の彼にも自然に備わってきていたが、直後の第一次大戦やパンデミックによる時代の急変は、まったく予想もしていない。次々に現れる難敵への対応で、曲折の末に二刀流へとたどり着くのだが、それに至るまでに彼がとった道筋を、振り返っておこう。

第二章　ボルティモアから

ボルティモアという町

23歳の若さでアメリカ大リーグで13勝と11ホーマーの二刀流を同じ年に果たすのは、普通なら到底できもしない偉業だとわかっているから、その道のりは決して簡単ものではなかったろうとは想像できるが、ベーブの場合、それが一体、どのようなルートを通ってのことだったのかは知っておかねばならない。

ベーブ・ルース自身が自分の生涯について語る時に、決まって最初に口にする言葉がある。"I was a bad kid." というもので、つまりは、「私は悪ガキだった」ということ。実際、彼の幼い頃の話を読めば、そのひどい生活ぶりに驚かされる。

1895年2月6日、メリーランド州の港町ボルティモアに生まれた。

ボルティモアは、ニューヨークやボストンに比べると、観光客にはあまり魅力的には見られないところだが、全国民が誇ってやまないものが二つも、ここにはある。

一つは国歌 "The Star Spangled Banner" (星条旗)が生まれた場所であること。そしてもう一つがほかでもないベーブ・ルースだ。

1812年、この町にあるマックヘンリー砦がイギリス軍により攻撃された時、アメリカ兵士、フランシス・スコット・キーも捕虜になった。イギリス戦艦に載せられて連れ去られる時、彼が船から見たのが、夜明けの空を背景に砦の上でまだ翻っているアメリカ国旗だった。その時の情景を書き留めたのが、"Oh say can you see by the dawn's early light……"だった。その砦は今もあって、そこに見学者の姿が消えることはない。それがあの第一次世界大戦を機に国民に歌われ出し、やがては国歌にまでなったというのだから、ここにもベーブの人生との歴史の一致がある。

のちにアメリカ社会のヒーローとなる彼が、ボルティモア生まれだったことは、この人の人生ドラマを初めから象徴的に示しているように思われる。もともと、この町はアイルランドやポーランドからの移民が多く、工場労働者たちで溢れるところ。小麦などの農作物をヨーロッパに向けて積み出す港町としても知られるが、あまり裕福ではない町とのイメージは避けられない。

ヒーロー誕生には、そんな背景も決して無駄には働かず、むしろ、劇的な要素のいい味付けともなるものだ。実際、ベーブの生まれ育った地域は、ドックにも近く、スラム街といってもいい地域だった。酒場を巡る船員たちがさまよい、街角には夜の女たちが立っていた。喧嘩沙汰、殺傷事件が日常茶飯事だった。

のちには、大統領より高い給料を得るようになるやんちゃな自然児のサクセスストーリーとして、これはまさにぴったりの条件を備えていた。

本名は、ジョージ・ハーマン・ルース。父はフレデリック通りで酒場を開いていたのだったが、数年後に港により近いエモリー通り216番地へ移った。一家はその上階で暮らした。今は「ベーブ・ルース記念館」となっている建物で、きれいに飾られているが、それも当時はひどい状況だった。

ボルティモア市エモリー通り216番地のベーブの生家（左）。現在ではベーブ・ルース記念館（上）となっている

7歳ですでにいっぱしのワル

父は日に14時間も店で働いたし、母は病気がちだったから、ベーブは仲間たちと近所をほっつき歩くことが多かった。

母キャサリンは11年間に8人の子供を生んだが、成人に達したのは長男のベーブと妹のメイミーの2人だけだった。ほかの者は5歳にならないうちに亡くなった。

後年、ベーブはどこへいっても、子供たちに親切にしたが、それはこのことと関係してはいないだろうか。日本へきた時にも、ベーブは病院を訪ね、子供たちを励ました。それは単なる「子供好き」からだけではなかったのではないか。生まれては次々に死んでいった弟や妹のことを、彼はいつも思っていたのではないか。

7歳になった時には、もういっぱしのワルになっていて、煙草を吸っていたとは本人の言だ。

しかし、妹のメイミーによると、「ジョージ（ベーブのこと）は、決して悪ガキではなかった」のだとか。「単にいたずらっ子だっただけだ」というのだ。

ただ、妹から見れば単なる「いたずらっ子」でしかない存在も、世間の常識からすれば、やはり悪党で、町をほっつき歩いては悪さをする。喧嘩もする。学校へはいきたがらない。そのことで口うるさくいう親には反抗するというのでは、悪ガキ以外の何者でもなかったことは事実だ。

写真左下の円内が母で、抱いているのがベーブだ

しかし、そうはいうものの、彼の名誉のためにもいっておかねばならないことがある。決して大きな盗みはしなかったことや、ヤクザの一味には加わらなかったことだ。盗みといっても、彼の場合、親の持ち金からいくらかを掠めたり、市場へいく荷車から果物などを失敬したりするくらい。他人の所有物を破壊したり、ユスリやタカリをしたりすることなどはなかった。また、そんなことをする者とのつき合いもなかった。

彼は法を犯すほどの大ごとは一切していないのだが、警察からは、いつもにらまれてはいたようだ。追い払っても追い払っても、町をほっつき歩くからだ。のちに彼は、「私たちはいつも警官を嫌っていた」と述べている。

何より好きなのは野球。仲間が集まれば、いつも空き地で野球を楽しんだ。当時から人並より大きかった彼は、ほかの者より打球を遠くへ飛ばすことができた。それが彼には面白かったのだ。

のちに成人して明確になってくる彼の特徴は、すでに若くして現れている。開けっ広げの性格、正直、細かいことにこだわらない、無責任、行儀は悪いが誰とでも親しくなれる。楽天的、無骨、そして頑固。彼は権威というものを、初めから無視していた。短気で喧嘩っ早い。すぐに怒ったが、そうした欠点を帳消しにするほどの魅力も持ち合わせていた。人懐っこく、他人を気にする優しさがあった。彼ほどの体格と短気の持ち主であれば、すぐにも悪漢への道を歩みそうだが、彼がとった道はそれではなかった。一口にいえば、彼は人が好きなのであった。

セントメリー職業学校

1904年年2月7日、ボルティモアに大火事が起こって、市のビジネス街が焼けてしまった。3年後には再建されて、街は生まれ変わるのだが、その様変わりをベーブはつぶさに見ることはできなかった。それもそのはず、彼は市の中心地から約4マイル南のセントメリー職業学校へ入れられてしまっていたからだ。

従来伝えられてきたところでは、ベーブが入れられた頃は少年院だったとか教護院だったとかいわれ、時には孤児院だったともいわれた施設だった。たしかに孤児が多かったし、更生の目的で入れられた者もいたが、これはれっきとした全寮制の男子の職業訓練校。恵まれない子供たちに手に職をつけさせようという施設だった。「ホーム」というのが、当時の彼らの呼び方だった。

ベーブがその「ホーム」に入れられることになったきっかけとは、何だったのか。いくつかの説があるが、シカゴ・カブズの選手だったジョニー・エバースがベーブ自身から聞いた話として、Grantland Rice著の"The Tumult and the Shouting"で述べている話が、一番信用できそうだ。

「ベーブが7歳の頃のことだったというが、彼は家の銭箱から金を持ち出したらしいんだ。本人によれば『取ったのは1ドル。それでブロック中のガキたち全員にアイスクリームを買ってやった』のだとか。親から問い詰められた時、彼は事実のままをいったら、父は彼を地下室へ引っ張っていって鞭で叩いたらしい。そんな鞭なんかに負けないぞということを見せつけるために、彼はもう一度、親の金をちょろまかした。すると、今度は父は彼をそのホームに入れたのだという話だった。災難、災難……」

セントメリー校は、まるで刑務所のように運営されていたという人もいる。イエズス会ザビエル宗派が経営しているもので、しつけが厳しいことで有名だった。規則にそむくと、すぐに鞭打ちが待っていた。ベーブもよくそれを食らったというが、彼はこの学校を憎んではいない。

自伝にその頃のことを述べた部分がある。

「初めは、私も辛かった。人混みが恋しかったし、汚れた町、通りの喧騒も懐かしかった。悪友ども

1913年、セントメリー校時代のベーブ（後列中央）。左利きながら捕手であった

にも会いたかった。警官や、私たちを見たら捕まえて叩く店の親爺たちにさえ会いたいと思った。

しかし、ギルバート修道士は私によくしてくれた。私は彼にはどんなにお礼をいっても、いい切れないと思う。彼は私の興味をつなぐものを与えてくれ、私を幸せにしてくれたからだ。それが野球だった」

16歳では捕手

「学校の運動クラブに紹介してもらったところで、もう私は満足で幸せだった。私は年齢の割には大柄だったから、いつもチーム内には役割があった。時には投手もし、捕手もした。外野手にもなったし、内野手にもなった。どこを守ってもよかった。プレイできればよかったのだ」

基礎教育や職業訓練のほかに、学校が特に力を入れていたのがスポーツだった。中でも特別人気があったのが野球。広いグラウンドがあり、野球場だけでも数カ所あった。手入れもよくされていた。ベーブにとって最も楽しい時間というのも、ここ野球のグラウンドでの時だった。それまではどうしょうもない悪ガキだった彼だが、野球には生まれつきの才能がありそうだった。それを見抜いたのがマサイアス修道士だった。彼はベーブを可愛がり、その才能を伸ばすのを手伝った。ノックの球を打ったのも彼であり、ベーブが投手として投球練習ができたのも彼が捕手を務めてくれたからである。

ベーブ自身、のちにこういっている。

「私は初めてバットを持った時から打つのはうまかったが、捕球についてはマサイアス修道士から習った」

そして、このあとに重要なことを述べている。「16歳になる頃には、私はもういっぱしの捕手になっていたし、打撃も光っていた」と。ベーブ・ルースが最初に成功していたポジションは、捕手だった

ベーブの才能を伸ばしてくれたマサイアス修道士

のだ。少なくとも、彼自身の認識ではそうだし、打撃力に自信を持ったのも、その時代のことらしい。投手として最初から成功したのでなかったことを、注目しておいていただきたい。

こうして、この学校で野球に触れて成長を続けた彼は、のちにこういう言葉を残すことになる。「ハーバード大学の卒業生が母校を誇りにするように、私はセントメリー校を誇りにする」と。

人格形成にとって最も重要な時期をここで過ごせたことを、彼は終生感謝した。ギルバート修道士やマサイアス修道士に出会ったことが、彼の人生の転機になったのだから、彼の感謝は当然といえる。これらの修道士のことを、「彼らほど素晴らしい人たちはいない」と尊敬し、最後まで父親のように慕うのである。幼くしてこの学校に入れられたことで、彼自身がさらに悪くなる道を捨てられたことと、終生自分が夢中になれること——つまり野球と出会う機会を与えてもらったからだ。

二刀流どころか多刀流

ベーブはこの全寮制の学校でおよそ10年を過ごす。途中、家に戻ったこともあったが、すぐにホームに舞い戻っている。在学中の1910年8月、母親のキャサリンが35歳で死亡した。結核だった。

学校での毎日は忙しかった。朝は6時起床。朝食、ミサのあと、5時間の授業。午後にも4時間の授業があった。職業教育にはいくつかの選択肢があり、商業簿記、印刷、靴の修理、洋服の仕立て、大工、農業……などなど。ベーブは洋服の仕立てを選択した。数年のうちに見習いをも済ませた。のちに2人目の妻となったクレアさんの書いたものに、「ベーブは、自分の着るシャツなんか、15分で縫うことができた」とあるから、腕前は本当だった。

セントメリー校には、当時、850人もの生徒がいた。

ベースボールというゲームが、ちょうど人気上昇の時期に当たっていたこともあって、学校中がそれに夢中になっていた。いや、むしろその熱気を、教育に活用しようとしていたものと思われる。学校内に六つのリーグがあり、チーム数は全部で44にのぼっていたというから凄い。校庭は相当広いから、グラウンドは数カ所あったというのは本当だろう。

本人の言葉にもあるとおり、彼はたちまちその中のスター選手になっていった。どのポジションもこなすことができたことが、のちのちまで彼に大きく役立つことになる。投手も捕手も、そして野手までできたというのだから、これでは二刀流どころか、多刀流だ。当時の写真の中には、左利きの彼が右利き用ミットで捕手をしているものがある。

私は以前、この学校を訪問したことがある。校名はカーディナル・ギボンズ校に変わっていた。ベーブがプレイした野球場は校舎の下にあった。わざわざ「ベーブがプレイした球場はここだ」と書いた標識まであったが、ダイヤモンド自体は昔とは逆に向いていた。古い写真ではライトの位置だったところに、今は捕手の守備位置がきている。もちろん、雰囲気的には何ら変わらないのだが、「昔とは違って、今は上級学校への進学校となってしまっては、野球はもうあまり強くはないのですよ」というのが校長先生のお話だった。今はそれから少しは改善されているのかどうか。

最終学年の頃のベーブのチームは、本物のプロ野球チームの名前を借りてきてレッドソックス。最強チームの一つだった。彼はのちに本物のボストン・レッドソックスに入るが、セントメリー校の時から彼のチーム名はそれだったのだ。

その頃には、彼はもう主戦投手で主軸打者。それは彼のワンマンチームだった。ある試合で、三振を22個もとった記録がある。打率もゆうに5割を超えるものだったから、目立たない方が不思議だった。18歳になった時には、身長は6フィート2インチ（約185センチ）。それでいて体重は150ポンド（約68キロ）というスリムな体型だった。持ち球としては、速球のほかに、切れのいいカーブ。加えて、チェンジアップの技術もすでに習得していたといわれる。

しかし、校内のゲームだけでは、彼の能力も外には知られなかっただろう。幸い、セントメリー校はボルティモア一帯のほかの学校ともゲームをよくしていた。そんな時は、全生徒の中から目立った選手を選び出して、学校の代表チームとして送り出すのだ。ベーブの真の力が証明されたのは、そんな対外試合からだった。

ベーブというあだ名

1913年、マウント・セントジョセフ・カレッジとの対戦で、20個の三振を奪って快勝したベーブのことを耳にしたのが、かつてブルックリン・ブライドグルームズなどで投手をしたジャック・ダンだった。大リーグで20勝もしたこともあったが、この時にはマイナーAA級インターナショナル・リーグ加盟の地元チーム、二代目ボルティモア・オリオールズのオーナー兼監督をしていた。

ダン監督は学校にまで乗り込んでいって、マサイアス修道士とも会い、ベーブのプロ野球入りを勧めたという。こうして、1914年、ベーブ・ルースは給料月額100ドルで、ボルティモア・オリオールズと契約をするのである。このジャック・ダン監督は、ベーブが21歳になるまで、法的にもベーブの後見人の役を果たすのだ。

1914年3月2日、プロの野球選手となるためにベーブが学校を離れた時の情景は感動的だ。オーナー兼監督のジャック・ダンが自分の車で迎えにきてくれた。ベーブは自宅からではなく、学校からそのままプロ球団へと向かったわけだ。

まずは、南に下る鉄道列車に乗って、ノースカロライナ州フェイエットビルへいくことになっている。球団はそこでスプリングキャンプを張るのだ。前夜に激しい嵐があって、鉄道の運行が心配されたが、南行きは大丈夫というので予定通りの出発となった。

学校の正面玄関にベーブが出てきた。

手荷物は至って少なく、身の周りの品を入れた粗末なスーツケース一つ。ギルバート修道士と握手を交わした。修道士が彼にいった最後の言葉は、「ジョージ、君ならきっと、うまくやれる。頑張れ」だった。

マサイアス修道士が学生たちに説いていた。「わが校のヒーローが去っていくのは寂しいが、彼の

ベーブの左利きの捕手姿(左はプロ入り時の監督となるジャック・ダン)

前途を祝し、健康と幸運を願って祈りを捧げよう」。校歌が歌われ、祈りの言葉がこだました。ベーブの目から、涙がこぼれた。その目のまま、動き始めた車の窓越しに、彼は校舎を見つめていたという。

鉄道のユニオン・ステイションから乗って、この日はワシントンまで。ノースカロライナ州フェイエットビルには翌日に着くことになっている。列車にはオリオールズの選手が12人のほか、スカウト、トレーナー、スポーツ記者たちも乗っていた。もちろん、ボールやバットなど、野球道具もたくさんあった。

残りの選手たちは翌日にいく予定だったから、監督のジャック・ダンはこの列車には乗らなかったが、ベーブには気をつかい、出発前には彼のポケットに5ドル札を差し入れている。

その様子でもわかるように、監督はこの新人選手を可愛がり、他人目からすれば、まるで「赤ん坊」扱いだったことから、若者は「ダンのベイビー」と呼ばれるようになり、それがいつしか「ベーブ」となったというのが真相らしい。

もちろん、この時点でその「赤ん坊」が野球の歴史を変え、社会全体に大きな影響を及ぼす途方もない人物になろうとは、ジャック・ダンでさえ思ってもいなかったろう。

第三章　1914年のキャンプから

変革の時代

ベーブがプロ入りしたこの時代というのは、アメリカが物凄い勢いで変革していた時だった。目新しい発明が次々に現れ、生活の様式が変わりつつあった。

機械技術の発達によって、すべてにオートメイションが導入され始めていた。車や飛行機の時代が、もう目の前にきていた。街灯、電話、鉄道の時代が始まって、人々の生活は活気づいていた。いずれは映画館に人が満ち溢れる時代ともなる。

プロ野球にも、新しい波が押し寄せていて、「第三の大リーグ」といわれた「フェデラル・リーグ」が誕生して人気を集めつつあった。すでにナショナル・リーグとアメリカン・リーグの二つがあるのに、三つ目の大リーグができたところに、当時の野球熱がうかがえる。マイナー・リーグもそれに刺激されて増え、ファンも新たに生み出されていた。

新聞のスポーツ記事などでも、野球が大いに取り上げられるようになった。これこそアメリカ人の生活に向いたスポーツだと称揚された。プレイするにしても見物するにしても、ゲームはおよそ2時間程度だ。プロ野球だって、当時は打てる球がくればすぐに打っていく方針だから、勝負は早い。1日の仕事のあとでも、十分に終わりまで見られるのだ。イギリスの国技クリケットでは、こうはいかない。数日掛かることもあり、上流階級の者以外には無理だ。その点、野球は階級を問わない。民主性に溢れるベースボールがアメリカの国技になった最初の条件がここにあった。

新しくこの国にやってきた人たちを、よきアメリカ市民にするのにも、野球は大きく働いた。そこが自由・平等の国であることを教えるのに、これほどいい道具はなかった。左右の白いラインは永遠に延びている前提があり、試合時間にも制限はなかった。打順の機会は均等にやってきたし、攻守の平等性も公正だった。

遅れてやってきた他国からの若者たちに、チームワーク、創意工夫、公正さ、忍耐、精進、ルールの遵守、効率、適材適所、自己犠牲等々の観念を教え込むのに、野球は学校以上の働きをしたといわれる。「野球は移民を一様にアメリカ人に仕立てるブルドーザーだった」という言葉さえあったほどだ。

ベーブがプロの世界に入ったのが、人気沸騰のそんな好機だったのはよかったが、時代はこのあとに第一次世界大戦とパンデミックを用意していたのだから、彼もその波を受ける。投手として契約した彼がすぐにも二刀流となるのはそのためだし、二刀流から打者への移行も、その余波の産物といえなくもないのだ。

まずはマイナー・リーグで

ベーブ・ルースのプロ入り第一試合のことも、しっかりと史料に残されている。1914年3月7日、ノースカロライナ州フェイエットビルでの紅白戦だった。これは同じオリオールズ球団内の身内のゲームであって、他球団との公式戦ではなかったのだから、特に硬くなることもなかったろうが、新人のベーブにはそれと同じ緊張はあったろう。

最初、ベーブはショートストップとして出場、途中からは投手をしたが、何といっても目立ったのはバッティングだった。7回、走者を塁に置いて、ライトオーバーの400フィートのホームランをぶっ放したのだ。

このホームランは球場始まって以来の最大のものだった。それまでの記録はアメリカ先住民の万能選手ジム・ソープが打ったものだったが、ベーブのそれはソープの打球落下点より20メートルも先に達した。地元紙『ボルティモア・サン』は翌日のスポーツ欄に「試合最大のハイライト、ルースの豪快なホームラン」という見出しで記事を掲載している。試合は15対9でベーブたちの勝ちだった。

2週間後、今度はベーブがプロの洗礼を受ける番だった。大リーグの名門フィラデルフィア・フィリーズとのゲームでのことだ。フィリーズは、前シーズンはリーグで2位の球団。ベーブは臆せずに3イニングを投げて2点を献上。ゲームは3対4で敗れたが、ベーブは敗戦投手になることは免れている。

ベーブ・ルースが入った二代目オリオールズは、マイナー・リーグながらも、このようにスプリングキャンプの間には大リーグ球団とも何度か対戦した。メジャー・リーグの一流どころの投手たちの球を打つ機会を得て、ベーブは張り切った。彼らはフィリーズやドジャーズを相手にした時にはよく打った。ヤンキースには負けているものの、アスレチックスとは引き分けている。特にベーブの打力

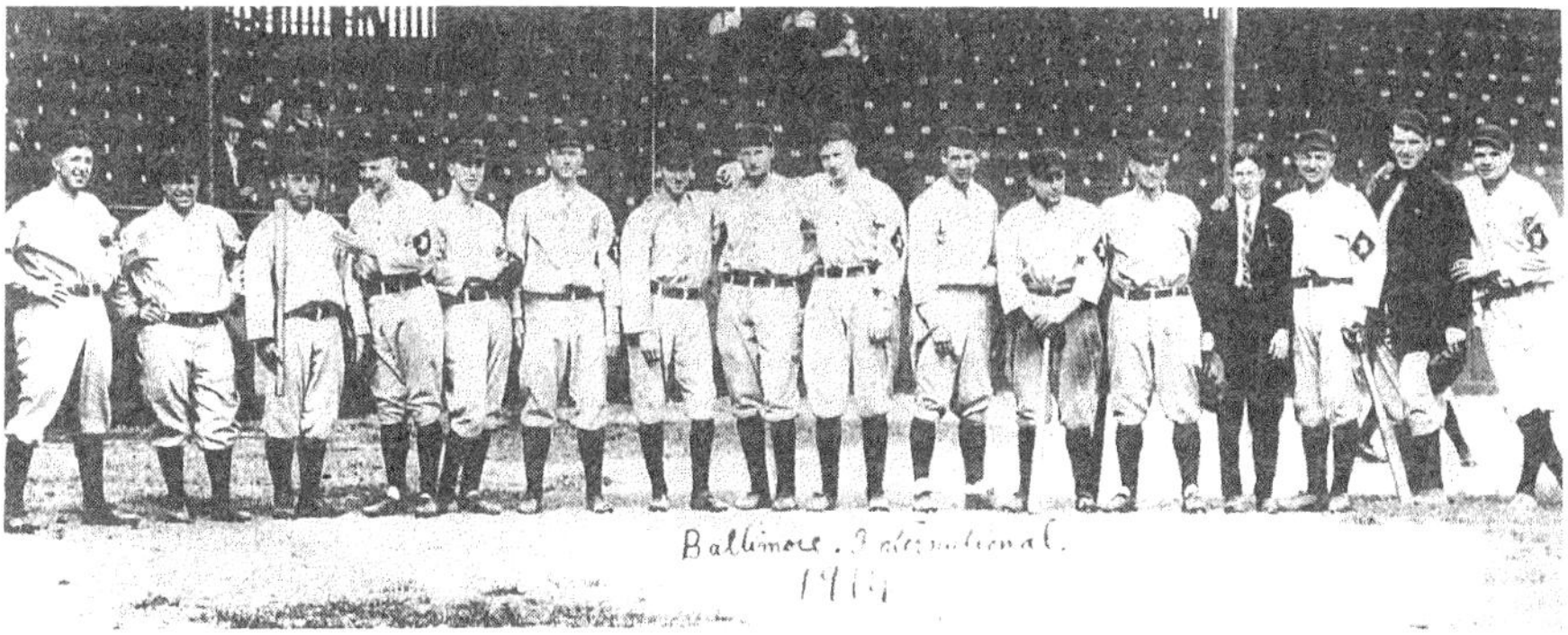

マイナーのインターナショナル・リーグに所属していたオリオールズの1914年当時の面々。右端がベーブ

は、すでに相手投手に恐怖心を起こさせている。

インターナショナル・リーグの開幕戦は4月21日だった。その第2戦、バッファロー・バイスンズとのゲームにベーブ・ルースは登板。相手を6対0で葬った。おまけに、第一打席でライトに快打を放った。

二度目の先発だったロチェスター戦では1対2で敗れたが、続くモントリオール・ロイヤルズ戦では、10回で1対0の完封。勝利の得点も、二塁打で出た彼のものであった。

2カ月の間に、ベーブ・ルースは時には負けを経験しながらも勝ちを重ねていった。6月末までの成績は、14勝6敗。新人としては大したものだ。チームはリーグ1位をキープしていた。

それはいいのだが、困ったことが起こっていた。球場にやってくる観客が減ってきたのだ。理由ははっきりしていた。できたばかりの新大リーグ、フェデラル・リーグに加盟のテラピンズの方に、人気を奪われるのだ。実際、その新大リーグは、既設の両リーグから多くの有名選手を、破格の年俸で引き抜いて、ファンの注目を集めていた。

ボルティモア・オリオールズのオーナー兼監督のジャック・ダンとしては、球団存続のためにあらゆる方策を施した。しかし、ついに諦めざるを得なくなり、選手のバラ売りを余儀なくされる日がきた。

レッドソックスへの移籍

7月2日、この日の観客はたったの17人だった。これでは、どうやっても、立ちゆかない。

ベーブが大リーグのボストン・レッドソックスに移ったのは、そんないきさつからだった。1914年7月8日、ベーブ・ルースは捕手のベン・イーガン、それに同僚投手のアーニー・ショーたちと共に、まとめて2万5000ドルで売られていった。これによりベーブの月収は3500ドルになった。それは直前のオリオールズの時の給料より700ドル引き上げられていた。まだ19歳だった彼が、この時期にはもうそんな高給を得るまでになっていたのだ。

レッドソックスはレッドソックスで、やはり新大リーグからの風波を受けて苦しんでいた。「スモーキー・ジョー」と呼ばれた速球投手ジョー・ウッド、リーグ最高の中堅手ハリー・フーパーなどが引き抜かれていった穴は、大きかった。レッドソックスはペナントレースでの優勝の夢を捨てていなかったから、その穴埋めとなる選手を切望していたのだ。

ベーブの加入を喜んだのは、ファンも同じだった。彼らはベーブ採用を決めたオーナーの決断を支持した。リーグ優勝の希望を持ち続けられることが嬉しかったのだ。

7月10日、鉄道でボストンに着いたベーブ・ルースは、そのままフェンウェイ・パークへいき、すぐにユニフォームに着替えた。ビル・キャリガン監督に挨拶したのはそのあとだった。監督は今日のゲームにすぐに出てくれないかとベーブにいう。「ほかに投手はもういないんだ」という正直な説明があった。「喜んで投げますよ」と、ベーブはそれに応じている。

大リーグでの初登板の相手は、リーグ最下位のクリーブランド・インディアンズだった。7回を投げ、8安打を打たれて3点を失ったものの、味方の攻撃に助けられ、4対3で勝利投手になることができた。許した安打は8本。三振奪取は1個にとどまった。

これが、フルシーズンを通した最初の4年間に78勝を記録する投手ベーブ・ルースの始まりだった。『ボストン・デイリー・グローブ』紙の7月12日の記事を読もう。

「レッドソックスは採用したばかりのルース投手を投入した。彼は4対3でチームを勝利に導いた。観客の目は、この巨体の左腕に釘づけとなった。彼はまるでベテランのように落ちついて投げた。投法はあくまで自然体。コントロールもよく、カーブも効果的で、相手打者たちを苦しめたが、まだ改良の余地はある。キャリガン監督の指導を受けて、さらによい投手にきっとなることだろう。彼は6回を投げて5安打を許し、三振を一つ奪ったが、7回に痛打を浴び、2点を失った。ボルティモア・オリオールズからの助っ人の役目はそれまでだった」

注目すべきは、この時点でのベーブの期待は、あくまでも投手としてのものに限られていること。ファンもマスコミも、特に彼のバッティングについて大きな期待は置いていないことだ。契約が投手としてのものだったのだから、それは無理もなかった。実際に彼の打力が皆の目を引くのは、それが予想の範囲を超えた望外のオマケに見えたことにあったのだと思われる。

投手としての実力はたしかに秀でていて、この年と翌年のペナントレース後に出たワールド・シリーズでの合計で、29回⅔を無失点に抑える記録も作ることになる。それは、その後50年も破られずに続くものとなる。

純粋に野球を楽しむ

明らかにベーブ・ルースは投手としてデビューしていた。バッティングの非凡さも現れてはいたが、ファンはそれに熱狂していたのではなかった。

では、彼が最初にファンの人気をさらったのは、投球の凄さからだったのかというと、それは違いそうだ。

マサチューセッツ大学のジョン・マックガフ準教授によれば、彼が最初にファンの心をとらえたのは、彼の投球ぶりではなかったとする。もちろん、最初から打撃の凄さでもなかった。準教授によれば、ベーブはそれらをファンの前に披露する以前から、人気はすでにファンの間で高かったのだとのこと。ましてや、このあと出てくる「ブラックソックス・スキャンダル」（第8章参照）によって地に落ちた野球を、絶望の淵から救ったことでもないとのこと。となると、本来的にベーブ自身の身についた特質以外にない。つまり、記録や成績なのではなく、純粋にベースボールを楽しんでいる彼の姿だったのではないかというのだ。

これは1995年にニューヨークのホフストラ大学で開かれたベーブ・ルース生誕100年を記念した「ベーブ・ルース学会」で述べられたことで、私も現場で拝聴して記憶に新しい。そう聞けば、たしかにそう思えたのは、私にも経験があるからだ。日本のプロ野球で活躍した長嶋茂雄選手がそうだった。彼とは学年は違うが、同じ年生まれの私は、学生時代から彼のプレイを多く見てきた。もともと私は弱い方を応援する癖があったから、ジャイアンツ・ファンになることはなかったが、長嶋選手には常に関心を向けていた。彼の人気というのも「野球をするのが楽しくてたまらない」という気持ちが全身に溢れていたことにあった。それは「躍動感」という言葉でよく表されたが、失敗して悔しがるにも、彼にはそれがあった。ファンの共感を呼ぶところとなったのがそれであって、それがそのまま人気の高さに連なったのだと思う。

その意味で、ベーブ・ルースの人気を数字に現れた成績で見るのは、彼を正確に見ていないことだというマックガフ準教授の説に、私も同意している。

これと同じ意見がそれより先にあったことを、私はのちに知ることになる。それはかつてのベーブの同僚で、一緒にレッドソックス入りしていたアーニー・ショーの言葉だ。彼はそれを「ベーブのマジック」と表現している。

「ベーブ・ルースの人気というのは、彼がたくさんのホームランを打ったからでもないし、危機から野球を救ったからでもないのだ。彼の人気の根源は野球が好きという一点。純粋な愛、野球場にいるだけで気分がいいという本物の野球好き。この点で彼に勝る者はいない。これが『ベーブのマジック』の本質だった。

彼は野球を愛して止まなかった。それをベーブのエゴ（利己心、うぬぼれ）と見てはいけない。野球場にいるというだけでうれしく思い、野球を通じて人と接することを喜ぶ……彼はその天才で、ちょうどホームランを打つのと同じ程度の才能に恵まれていた」

ピッチングよりバッティング

しかし、初めから何から何までうまくいくほど大リーグは甘くない。第2戦目には、ベーブはひどい目にあっているのである。

1914年7月16日。場所も前と同じ本拠地フェンウェイ・パークだった。キャリガン監督は主力投手陣を休ませる手に出て、新米のベーブ・ルースを起用した。ファンはよく知っているもので、観衆から彼に大きな拍手が送られた。打席に立った時にも、それは一際大きく響いた。

相手は強打で鳴るデトロイト・タイガースだった。主砲タイ・カッブは出場していなかったが、強さは十分。序盤からサム・クロフォードの二塁打やボブ・ビーチの三塁打でベーブを打ち崩す。彼は早々にベンチへ引っ込められてしまい、ゲームは2時間も経ずして、2対5で終わった。ノックアウトの形だった。

ただし、ルースに味方する目で見るなら、その程度の点差なら、自軍攻撃力の不足こそが敗因だったといえなくもない。監督はそれをどう見ていたものか、このあとベーブはマイナー級のプロビデンス・グレイズへと移されるのだ

これについては様々なことがいわれている。アーニー・ショー投手の調子がよくて、監督は彼に後半を賭けたとする説、ベーブのあまり自由奔放な振る舞いに、球団がお仕置きをしたのだとする説。たしかに彼の自然児ぶりは桁外れで、「飲む、打つ、買う」のオンパレード。ロードに出た時には一層それは激しかったから、監督はコーチのヘイニー・ワグナーを、わざわざベーブと同室にさせ、その行状を管理させたほどだった。もっとも、ベーブのマイナー級プロビデンス・グレイズへの移行には、その球団も選手が払底して困っていたというのが理由だったとの意見もある。そのインターナショナル・リーグのプロビデンス球団というのは、レッドソックスのオーナーが買収したばかりで、特別に強化を目指していたのだとする。

ところで、ベーブはそこでどうしたか。

この時のベーブの成績を、私たちは冷静に見なければならないと思う。マイナーへ落とされたから

といって、彼は腐りもせず、しょげたりもせず、真面目に投げて8勝を挙げ、プロビデンス・クレイズでのリーグ優勝に貢献しているのだ。普段の傍若無人ぶりからすれば、少々荒れていてもおかしくはないところなのに——である。

むしろ彼はここでの時間を効果的に使っている。投球経験を深めたというだけではない。自信を取り戻したというだけでもない。それまで持っていたカーブの威力を、大リーグで通用するものに改良しているのだ。

その点までレッドソックスの監督はよく見ていたということだろうか、まだシーズンの残っていた大リーグのレッドソックスに、ベーブは10月になって引き戻されるのである。

10月2日、ニューヨーク・ヤンキースとの試合に登板した彼は、大リーグでの2勝目を得るのだが、投球のことより、むしろ、打撃の方を見るべきかもしれない。というのは、このゲームで彼は初めてヒットを記録したからだ。それはレナード・コール投手からの二塁打で、続く打撃陣のバントと犠打で生還している。

投手としては6安打で5点を奪われたが、11得点の打線の援護もあって9回を投げ切る完投勝利。三振奪取は1個、四球により6人を歩かせた記録が残っている。

このあと、彼はワシントン・セネタースとのゲームに出ているが、勝敗にはからんでいない。

結局、ベーブ・ルースが大リーグに登場した1914年の成績は、投手として2勝1敗。打者としては5試合で10打席で2安打。その内の1本が二塁打だった。ホームラン、三塁打共になく、打点0、得点1だった。

　格別に華々しい初年だったとはいえないが、ボルティモアのセントメリー職業学校を出た彼がマイナー級のオリオールズに入り、メジャーのレッドソックスに引き上げられたあとまたもやマイナーとの間を往復して、ともかくも投手として勝ち越しの成績を残しているのは、やはり並の話ではないと思う。

ヘレンとの結婚

　アメリカの大都市では、どこも新しい移民たちで溢れつつあった。過密が進み、混乱が様々に起こっていた。仕事にあぶれる人も増えてきていた。

　9月6日、ニューヨーク州バッファローで、時の大統領ウィリアム・マッキンレーが無政府主義者に銃で撃たれるという事件が起きた。大統領は8日後に死亡。副大統領だったセオドール・ルーズベルトが大統領の任務についた。

　アメリカを覆う不穏な空気が野球場にも現れてきたが、ベーブが始終張り切って野球と取り組んでいたのには、ヘレン・ウッドフォードという女性の存在が関係していたかもしれない。10月17日、彼らはメリーランド州エリコットシティのセントポール教会で結婚式を挙げた。

　彼女はボストン・ハンチントン通りのコーヒーショップで働いていた。当時17歳。ベーブは毎朝そこで朝食をとっていて知り合ったのだった。彼らの結婚は最初から困難続きだった。ヘレンは小柄で可愛く、主婦としての仕事を好む内気な女性だった。一方のベーブはといえば、自由奔放、天衣無縫。その上、遠征に明け暮れる毎日。絶えず飛び回って家を空ける。誘惑も多く、おまけに彼はそれに弱いときている。

妻との生活を維持していくのは、結構大変とわかった。

1914年にベーブと結婚したヘレン・ウッドフォード（当時17歳）

第四章

打撃に専念したいが……

人気の始まり

第一章で述べたベーブの大リーグ初のホームランとは、このあとのことである。ファームから戻っての2年目、まだまだ投手としての期待の方が大きかった時代である。

1915年のことで記録的なことを記しておくなら、7月21日のセントルイスでのホームランがある。スポーツマンズ・パークでのブラウンズ戦でビル・ジェームズ投手から放ったものだ。それは右翼スタンドを越え、その向こうの大通りを飛び越えて、その先に脇道に落ちた。ホームプレートからおよそ470フィートはある大ホームランだった。

チームメイトが彼の打撃練習のことで文句をいったというのは、この時期のことだ。当時は、投手はバッティングの練習をしないものとされていた。ところが、ベーブはそれが大好き。どうしてもバッティング練習をするといって引かない。それだけほかの野手たちの練習時間が減るというわけで、皆から文句が出たのだという。彼がクラブハウスにいない時に、彼のバットがすべて折られてしまったとの話もある。

投手として、ベーブは次第にチーム内での地位も高めていくのだが、次の大きな節目は1918年の二刀流記録だ。前代未聞のそんなことが、どうしてベーブに可能だったのか、それを確認するには、そこに至るまでの道のりを見ておく必要がある。先に示した彼の大リーグ初のホームランのあと、1915年の後半から1916年、17年という時期を、彼はどう過ごしていたのか。

まずは、8月14日、ベーブ・ルースは名投手の誉れ高いウォルター・ジョンソンとフェンウェイ・パークで対戦したことを述べておかねばならない。ベーブはその試合に4対3で勝った。

この両者、剛球投手同士の対決は、このあとも続き、今では伝説となって伝えられている。この1915年の初対戦から1918年までの間に、彼らは全部で10試合を戦うのだが、1対0の熱戦となったのが3回ある。すべて勝利はベーブのものだった。一つは延長13回にまで達していた。合計してベーブ・ルースの6勝。ジョンソンは2勝にとどまっている。

1915年のシーズンにおける投手ベーブ・ルースの成績はというと、18勝8敗でチーム2位の勝ち星。打率は・315で、ホームランは4本だった。レッドソックスというチーム全体で、ホームランはわずかに14本だったのだから、ベーブのものの占めた役割がわかる。レッドソックスはアメリカン・リーグで優勝。ただし、フィラデルフィア・フィリーズとのワールド・シリーズでは、ベーブは特に大きな活躍は見せていない。しかし、人気の点では、彼がレッドソックスの中心選手になっていった。同僚のアーニー・ショーがそういっているのだから信用していい。

「ゲーム前、グラウンドに出てウォーミングアップをする時、いつも聞こえる声があった。球場全体からの声だ。『ベーブ！　ヘイ、ベーブ！』って。すると彼はすぐに声の方に向いて手を振り、ニッコリと微笑む。みんな彼を好きになるはずだよ。彼もそんなファンが大好きだった」

当時は子供たちも、今ほどはサインを選手に求めはしなかったというのだが、彼はいつも子供たちに囲まれていた。子供たちに会うと、ベーブはやさしく肩を叩き、「やあ、元気か」という。子供たちがゲームをしているところだったりすると、すぐに彼もプレイに入る。ワールド・シリーズのゲームのあとにも、こんな話がある。ボストンのフェンウェイ・パークのすぐ近くの空き地で少年たちがゲームをしていると、試合が済んだばかりのベーブ・ルースがやってきて、少年たちに交じってプレイに熱中していたというのだ。

ウォルター・ジョンソンと並び立つ

ベーブとヘレンは、結婚したあとしばらくは、ベーブの故郷ボルティモアで暮らしたが、やがてボストンの南、マサチューセッツ州サッドベリーの農園に自分たちの家を持った。ヘレンの親たちは南ボストンに住んでいたから、彼女のための住まいだったといえる。しかし、家はそこにあっても、ベーブは時間があれば狩りにいくか、釣りにいくかしていて、家にはあまりいなかったとか。

1916年、ベーブ・ルースは投手としてウォルター・ジョンソンと並び立つ存在となっていた。リーグの最多勝はジョンソンの25勝(20敗)だったが、ベーブは23勝(12敗)。防御率1・75と完封9は、リーグトップだった。ベーブが終生自慢の種とした、満塁でのサム・クロフォード、タイ・カッブ、ボブ・ビーチの三者からの連続三振は、この年のことだ。

ブルックリン・ドジャーズ（当時の呼称はロビンズ）とのワールド・シリーズでもベーブは活躍。その第2戦、相手のシェリー・スミス投手との投げ合いは、球史に残る名勝負だったといわれる。ドジャーズは初回に1点を入れた。レッドソックスは3回に1点を返し、タイのまま14回までいった緊張のゲームだった。結局はレッドソックスの勝ちだったが、両投手ともにマウンドをほかに譲らずの熱戦。ワールド・シリーズの記録としては、20世紀で最長のゲームだった。ゲーム終了後、観客はどっとグラウンドに飛び出してきて、ベーブを取り囲んだ。彼もこの試合を、「最も深く記憶に残ったゲームの一つ」としている。彼らは前年に引き続きワールド・チャンピオンとなった。

ところが、このワールド・シリーズが終わったあと、ベーブには一つの大きな驚きが待っていた。レッドソックスの監督だったキャリガンが、球団を去るというのだ。キャリガン監督は時にはベーブに厳しく当たって、叱りつけたりもしたが、本当にベーブのことを思っての指導だったから、ベーブは彼を好んでいた。ひょっとすれば、ベーブはキャリガン監督に、かつてのセントメリー校で指導を受けた修道士たちのイメージを、重ね合わせていたのかもしれない。

ベーブはのちに、「キャリガンこそは、私が知る最高の監督だった」といっているが、彼との別れで初めて、本気で指導してくれる人のない状況になったわけで、ベーブはそれまでにない寂しく不安な思いをするのだ。

１９１７年、新監督にジャック・バリーという人がきた。ベーブと気が合ったのかどうかはわからない。ベーブの成績は向上し24勝（13敗）。完投35はリーグ1だった。

ただし、レッドソックスはアメリカン・リーグでの2位に終わり、ワールド・シリーズへは翌1918年に出場を期することになる。

1918年という因縁

さて、このあとが、問題の1918年だ。

ベーブ・ルースの二刀流が、この年に起きていたのは、とても興味深いところだ。日本からいってアメリカで二刀流を磨こうとする大谷翔平投手の出現と、およそ100年を隔てたものだったからだけでない。この間に本格的二刀流といえる人は1人も出現しなかったのも不思議だし、これら2人が共にプロ野球に足を踏み入れて数年という時期であるのも興味深い。その上さらに、共にパンデミック（世界的な疫病）が流行した時期と重なっているというのも、何かの因縁だろうか。

ベーブ・ルースの場合、ご丁寧にも、二度もそれに罹って、入院している。

野球のシーズンは、126試合に短縮されたものだった。それは「レイバー・デイ」（労働者の日＝9月の第一月曜日）までの間とされ、6週間分のゲームがカットされたのだ。それでも、シーズン前から、「今年はペナントレースができるのか」と危ぶまれていたというから、それだけでもできるのは幸運というべきことだった。

シーズン短縮の理由は第一次世界大戦。初めは中立を保っていたアメリカも、この年の2月にドイツが無制限潜水艦作戦を強行するに及んで、ウッドロウ・ウィルソン大統領がついにドイツに対して宣戦布告した。徴兵法により420万人が登録された。大リーグからも、227人が戦地へ赴いたというが、この時のウィルソン大統領の言葉に奮い立った人が多かった。「我々は、ドイツ人と戦うのではない。民主主義の敵と戦うのだ」というものだった。

しかし、ベーブはすでに結婚していたことで兵役の免除を受けて、大リーグにとどまることができた。

春がきてプロ野球のシーズンになっても、人々の関心は薄かった。短縮シーズンと決まったあとでも、中止話が度々検討されたのだったが、ウィルソン大統領は「そんな恐怖の時代だからこそ、気持ちを落ちつかせ、気分転換させるものが必要だ」といったという。もちろん、球団への要望は手抜かりなくしていて、1球団の選手数を18人までとし、そのほかの者は徴兵を受け入れることとする提案をしている。この提案はそのまま実施されたわけではなかったが、実質的にいって、各球団のおよそ1／3が開幕までに徴兵を受けていたといわれる。

また徴兵の対象とされていた年齢は、それまでの「21歳から30歳までの男性」というのが、1918年には「18歳から45歳まで」へと広げられていく。

ボストン・レッドソックスについていえば、シーズン開始前に、12人が徴兵を受けていた。監督だったジャック・バリー、投手のハーブ・ペノック、アーニー・ショー、そのほか、内野手のマイク・マックナリー、デル・ゲイナー、ハル・ジャブリン、フレッド・トーマス。外野手ではダフィー・ルイス、ジミー・ウォルシュ、ディック・ホブリッツェル。

これらの穴を埋めるために、レッドソックスは他球団の選手やマイナー・リーグの選手をチームに入れている。しかし事情はどこも同じで、チーム作りに苦心していたから、いい選手が遊んでいるわけはない。

おまけに折も折、そんな時に世界的疫病パンデミックが襲ってきたのだから大変だ。ベーブ・ルースの二刀流もそれと無関係ではあり得なかった。

新監督のエド・バーロー

投手陣が特に手薄になっていたから、球団内でのベーブの左腕が持つ意味は、一層重要度を加えていた時期だった。ローテイションは彼を中心に組まれる。先発投手たちは、4日毎の登板が決まっている。これを崩すとローテイションがなりゆかない。

しかし、監督はベーブのバッティングにも関心を向けた。

もともと、スプリングトレーニングの時から、新監督のエド・バーローには、ベーブのことに目をつけていた。アーカンソー州リトルロックでのエキシビションゲーム（日本語ではオープン戦）で、彼は広い球場のフェンス越しに、5本のホームランを放ったからだ。ところが監督は「ボールは高価だ。もったいない」として、ベーブの打撃を止めさせているのは、どうしたことなのか。投手としての活躍こそを期待している彼に、打者への転向をいい出されては困るとでも思っていたのか。いずれ

レッドソックスの新監督となったエド・バーロー（左）と、球団オーナーのハリー・フレイジー（右）

はそのことで悩むことになる身の上を、早くもその時点で監督は予感していたというのだろうか。

このエド・バーローという新入り監督について、ここで少しは紹介しなければならない。シーズン入りに先立って、レッドソックス球団を買い入れたばかりのハリー・フレイジー（オーナー）は、急遽、旧知の彼を監督に据えた。エド・バーローという男は、選手としてプレイしたことはなかったが、マイナー・チームの監督や下部リーグの会長などを務めた経験があり、訓練を重視する人として、著名な人だった。

ただ、監督自身はそれまでのベーブのことは一切知らない。この球団にきて、初めて彼を知ったのだ。春のキャンプのオープン戦以来、時々ベーブに野手としての登場を許していたが、それは本人がほかのポジションも試みてみたそうだったから、その意を受けてそうしていただけで、シーズンに入ってからの本番では、彼に投手以外をさせるつもりはなかったようだ。

「野球とは、投手が中心のゲーム。中でも、いい左投手の確保が最も肝要だ」との考えを疑ったことはなかった。

ところが、ホットスプリングズでのキャンプが終わる頃には、ベーブの打力が並のものではないことに、もちろん彼も気づいていた。だからこそ、投手として使わない時にも、野手として外野を守らせたりしてきたのだ。ただ、ベーブ自身は、経験を積むに従って、投手としてより、打者の道に進みたい意向が募っている様子だった。できれば投手として温存しておきたい監督と、野手として毎日試合に出たいベーブとの軋轢は、シーズンの初めからあったことが読める。

レッドソックスの開幕試合は、本拠地フェンウェイ・パークでのアスレチックス戦だった。先発投手陣は、カール・メイズ、ベーブ・ルース、ダッチ・レナード、ジョー・ブッシュの4人。5月まではこれでいくが、やがてはダッチ・レナードも戦地へ赴くことになる。戦争とパンデミックで、選手層が薄くなっていることは、ベーブにもわかっていた。だからこそ、投手をしないゲームでは、求められるままにピンチヒッターとして打席に立ったりもしていたのだ。ただ、監督が自分をこれからどう使おうとしているかが明確ではない。それが、ベーブには不満だった。

左投手のNO・1

5月4日の土曜日、ベーブはポロ・グラウンズでのニューヨーク・ヤンキース戦に、シーズン最初のホームランを右翼の屋根越しに放った。そのバッティングに魅せられた先輩外野手のハリー・フーパーは、監督に「ベーブを、いっそ左翼手にしてしまってはどうですか」と進言している。彼はこのあとも、ベーブを投手としてではなく、野手として、連日のゲームに出させることを主張し続ける。

2日あとの5月6日。ヤンキース戦に、ベーブは初めて野手として出場した。一塁を守り、打順は六番だった。それはドラマチックな登場となった。なぜなら、出場2試合目にして、今度は野手として最初のホームランを放ったのだから。この一撃を見ていた人の中に、ライバル球団であるヤンキースのオーナー、ジェイコブ・ルパートもいた。彼はその場でレッドソックスのハリー・フレイジーに、「あの子を売ってくれ。いくらでも出す」といったといわれる。もちろん、レッドソックスのオーナーはそれを断るが、これがのちのベーブのヤンキース移籍の伏線となるのだ。

5月7日、今度はワシントン・セネタースとのゲームだった。ベーブは3試合連続となるホームランを右翼フェンス越しに放った。

そして、5月9日のセネタース戦には、投手として登板したのはいいが、これが3対4の負け。しかし、それだけでは終わらなかった。打席では、三塁打1本、二塁打3本、そして単打1の、計5打席に5安打だっ

ヤンキースのオーナーだったジェイコブ・ルパートは、早い段階からベーブの打撃に目をつけていた

た。もうこれだけ打てば、監督も彼を毎日出場させる方が得策と見たに違いないと思うのだが、実際はそうではなかった。監督はあくまでベーブを投手にしておきたいのであった。「アメリカン・リーグ随一の左投手をバッターとして使ったりなどしたら、皆に笑われる」というのが口癖だった。

ただし、ファンは彼のピッチングより、バッティングの方に関心を向けるようになった。同じリーグの打者たちも、ベーブがマウンドを降りてくれることを期待するようになった。あのタイ・カップでさえこういった。

「私が一番手こずる左投手はベーブだ。今現在のアメリカン・リーグでは彼が最高の左腕だ。外野へでもいってくれればいいが……」

ベーブ・ルース本人が、投手1本でやるより、ポジションプレイヤーとして、毎日ゲームに出ることを望んでいたのは、その方が自分に向いていると信じるからだった。当時の常識としては、ローテイション入りしている投手は、4日に一度の登板となる。ベーブは投手として4日に一度マウンドにのぼる生活より、毎日ゲームに出てファンの歓声を聞く方がいいと思っていた。希望は一塁手。自分は左利きだし、そのポジションに適していると思っていたようなのだ。

しかし、監督はあくまで彼を投手にとどめておこうとする。ましてや、一塁手というのは、脚の効かなくなった老体にとっておきたいポジションで、脚の使える若者をそれに充てる気はもとよりない。

ベーブ・ルースは、のちには丸々と太って、とても走れそうには見えなくなるが、若い時代には相当の脚力があった。

ホームランに夢中になる観客

観客動員を考えるなら、投手として4日に一度登板させるより、野手として毎日出す方がいいのはわかり切った話だった。しかし、監督にはベーブのいない投手陣など、初めから考えられなかった。「投手力こそが野球の要」という彼の信念は動かない。そしてお決まりの、あの科白だ。「リーグNO・1の左投手を、ポジションプレイヤーとして使ったりしたら、球界の笑い者になる」

ベーブ・ルースは監督のエド・バーローと何度も話し合った。それまでは、投げたくない気持ちを「手首が痛い」などという表現で表していた彼だったが、ここまできては、はっきりいうしかない。

「私は投手をするのが嫌ではありません。しかし、監督の悩みを救うために多くの試合で投げるのは、意図するところではありません。私は毎日ゲームに出たい。投手より野手でいきたい」。

日本からいった大谷翔平選手との違いが、ここにある。大谷選手はあくまで投手であることを望んでいるのに反し、ベーブは投手より打者での独立を求める。どうやら彼は打者に「打たれる」ということを嫌っていたようなのだ。ただ、投手となると、それは避けることのできないことだ。どうしても避けられないのなら、いっそ投手にはならない——という風に考えたものらしい。ところが監督は、ベーブには投手力を最大に期待していたから、問題は容易には解決されないのであった。

開幕前からのファンの関心を集めていたウォルター・ジョンソン投手（セネタース）とベーブの対決は、5月7日のことだった。それを楽しみにしていた観衆が、どっと球場に詰めかけている。ベーブの打率が、その時期には5割に近づいていて、リーグの最上位にあったからでもある。

野球の面白さの第一が、投手の速球と打者の打ち返しとの対決であることはいうまでもない。その基本的な挑戦が見られるというので、観衆は固唾を飲んだ。

ウォルター・ジョンソンの投球は、たしかに老練だった。ジョンソン投手は、速球を投げると見せかけて緩いカーブを交ぜて投げた。ベーブは最初二度の打席では、それに惑わされ凡退した。しかし、三度目には、ジョンソンが得意の速球を投げるところを打って、見事、場外へのホームランとした時には、セネタース・ファンの間からも、この若者の剛打に拍手と歓声が起きたとのことだ。ゲームは7対2でセネタースの勝ちだった。

ボストンの記者バート・ホイットマンの書いたところはこうだ。

「観衆は皆この大柄な若者に夢中になった。彼がすべてのゲームに出場することを希望する者は多い。しかし、チームはドロ沼のスランプで、5月3日から11日までの8日間に、7敗もした。それには投手としてのベーブの2敗が入っている。しかし早晩、ベーブはその打撃力で、チームに勝利をもたらしてくれることだろう。監督が考えるべきは、このスター選手をどう使うのが最善なのかだ。まさか、彼なしのゲームなんて、考えてはいないだろうが……」

ベーブ、「スペイン風邪」に罹る

5月19日。息抜きのため、ベーブはヘレンを伴ってリビア・ビーチへ行った。リビア・ビーチというのは、ボストンに古くからある海浜公園で、市街地の中心地から8キロほど北にいったところにあり、大遊園地を成している。

爽快な桟橋、広い散歩道、大観覧車やメリーゴーラウンドなどの娯楽施設もあれば、海水浴もできる。ちょうどその日は日曜日であった上に、その年最初の初夏らしい気候とあって、海岸を含めて17万5000人の人出があった。ベーブ・ルースたちも久方ぶりに子供に帰った気分を味わい、十分にのんびりとした時間を過ごした。

レストランでサンドイッチを食べ、ビールも飲んだ。地元の人たちの歓迎もあって、ビーチでの野球にも加わった。満足一杯に「最高に楽しんだよ」と語ったベーブだった。

しかし、家に帰ってみると、彼の気分が、なぜかすぐれない。熱が出て、寒気がした。初めは、単なる風邪と思っていたのが、のちに「スペイン風邪」と呼ばれるものだったことがわかって、大きな騒ぎとなるのである。彼は秋にももう一度それに罹るが、これが最初だった。

名前は「スペイン風邪」でも、本当にスペインからきたものだったのかどうかは不明。スペイン国王アルフォンソ13世が最初に罹ったからという話（W.Marchione）もあり、フランス軍の塹壕で発生したものだったとの説もある。それなら「フランス風邪」と呼ばれるべきものだったといわれたが、「いや、ドイツ軍の塹壕からだった」という意見もあり、一定していない。アイオワ州でその年の1月に発生していた豚の風邪からだとする意見もある（"Boston Miscellany"）。「いや、それ以前にアメリカはカンザス州の基地で2月末ごろに発生していたもので、そこから東部へ、南部へ、さらにはヨーロッパへと広がった」とする意見は、立命館アジア太平洋大学学長・出口治明氏のもの。「スペイン風邪」という名がついてしまったのは、その被害がスペインで大きく報道されたからだと述べておられる。（『潮』２０２０年6月号）。本当の発生源はやはりアメリカだったらしい。

そういえば、主な米軍基地37カ所のうちの24カ所で、それは猛威をふるい、特にボストン近郊のデブンズ基地全体が廃棄されてしまったという話を読んだことがある。また、カンザス州の陸軍基地の一つフォートライリーでは、3月11日早朝に、最初の罹患者が出たあと、正午までにはもう１００人もが症状を訴えて医師のもとに飛び込んできて、週末には５００人にものぼっていた記録がある。その春にその基地が出した死者の数は48だったとか。それはすでにアメリカで早くから広まっていたということなのか。

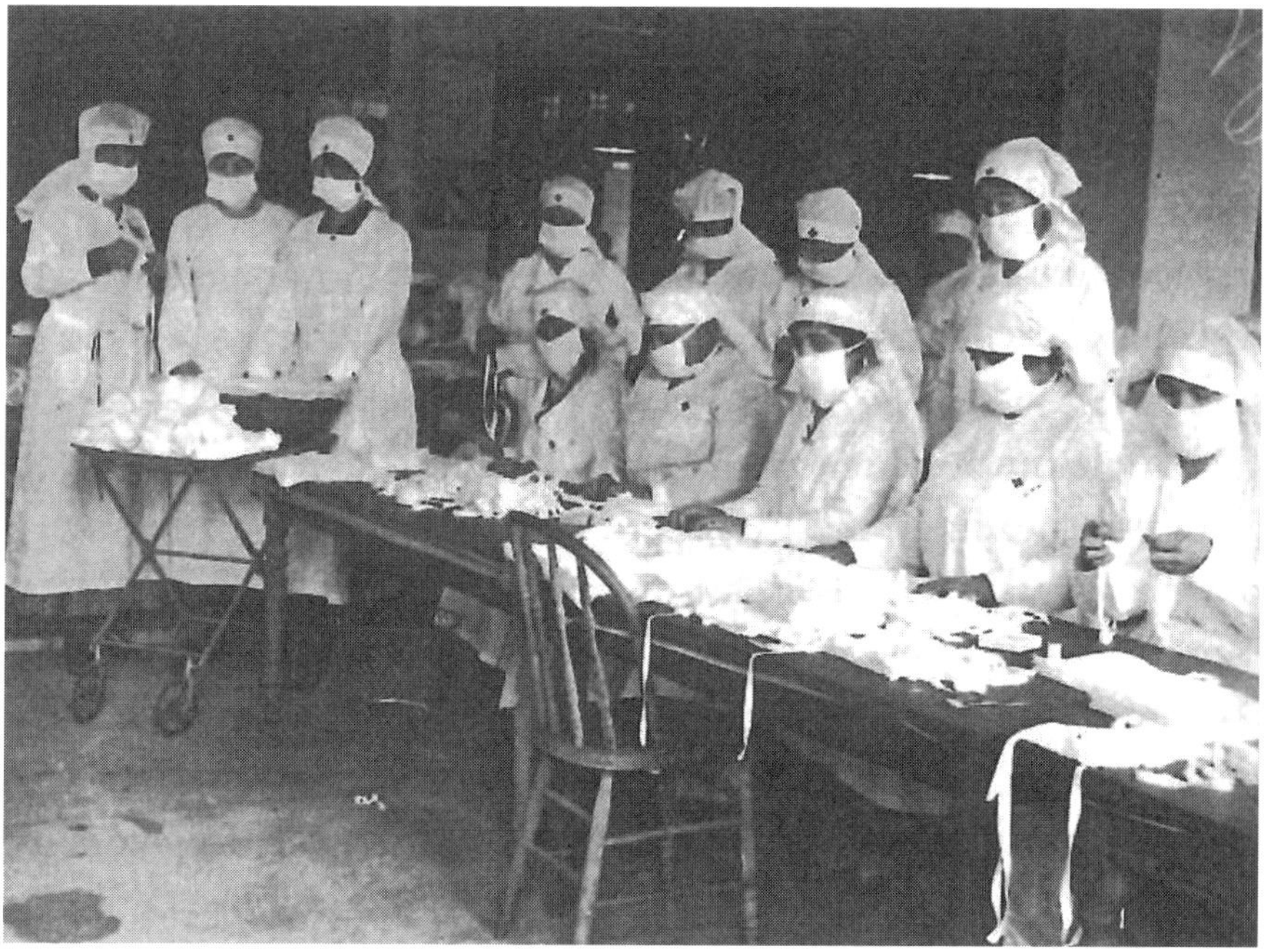

ボストンにおける赤十字社による「マスクをつけよう」運動の様子

戦地でも猛威をふるった疫病

スペインで大きく報道されたから、それが「スペイン風邪」と呼ばれるようになったというのは、いかにも単純な理由かと思えたが、調べてみるとたしかにそうで、つまりはこういうことだったらしい。その疫病は、戦地のアメリカ軍にもヨーロッパの各国の軍隊にも広がったが、どの軍もその被害の状況を正しく発表したりはしなかった。戦時中のことゆえ、敵軍に弱みを見せてはいけないとの判断だったと思われる。被害の状況は、隠せるものは隠した。ドイツ軍もそうなら、アメリカ軍もそうだった。だからこそ、それは各地で密かに猛威をふるうことになってしまったのだ。だだ、スペインは戦時でも中立を保っていたから、彼らの新聞は検閲を受けることはなかった。つまり、スペインの新聞だけは、すべてを事実のままに伝えた。だから、それがスペインで発生した風邪だと誤解されたということなのだ。

アメリカの国内事情についても同じで、事実は容易には知らされなかった。ボストンのあるマサチューセッツ州で特に被害は大きかった。そこを中心に、結局は、戦争が終わるまでに、アメリカ合衆国で60万人以上の死者を出してしまうことになる。そう思って振り返ってみると、たしかにそうで、ボストンの二つの新聞『グローブ』紙も『ポスト』紙も、積極的にパンデミックに立ち向かうという勢いが見られない。パンデミックへの対処法について『グローブ』紙が具体的に記事を掲げたのは10月6日になってからであった。

疫病の正しい情報が伝えられていなかったというだけではなかった。逆の情報さえ流されていた。新聞などが伝える政府情報がすでにそうなのだったから始末に負えない。まだまだ広まっている時にも、「『スペイン風邪』は制圧された」とか「急速に終息しつつある」とか報道されたのだ。

これでは、いずれは制圧不能になるのは当たり前。ボストンでは罹患者を出した家には、それを示す標識まで張られて警戒を深めたが、容易には収まらなかった。結局は、この病による死者の数は、第一次大戦による戦死者の数を超えることになる。

第五章　１９１８年　二刀流での成功

ベーブ・ルースとパンデミック

ボストン・レッドソックスでも、パンデミックによる患者が出た。ジョージ・ホワイトマン、サム・アグニューほか数名。死者はなかった。

ほかの大リーグ球団でも、この病に襲われたところは多かった。クリーブランド・インディアンズでは12人が罹り、その中には、のちに死球で命を落とすことになるレイ・チャップマンがいた。デトロイト・タイガースでも、レギュラーに罹患者が出て苦心していた。

呑気なベーブ・ルースは、自分がそれに罹りながら、それがそんなに怖いものとも思わずにいたようだ。実際は、喉頭は腫れ上がり、浮腫を起こしていたにもかかわらず、すぐにも試合に出ようとするのだった。彼ら自身にも情報は正しく伝えられてはいなかったらしい。

その証拠に、その翌日にも彼はのことフェンウェイ・パークへと出掛けている。熱があり、咳があるといっても、試合で投げられないとは思っていなかったのだ。登板予定がある限り、投げねばならないと彼は考えていた。

しかし、監督のエド・バーローは一目見て、彼の異常を知った。監督はすぐに球団のトレーナーを呼び、ベーブの処置を指示した。処置を任されたトレーナーは、硝酸銀をベーブの喉に塗ったのだという。当時、風邪にはそれがよく効くとされていたからだ。

ベーブ・ルースに新たな異変が起こった。彼は咳込み、その場に崩れ落ちた。

投手として投げるベーブ

彼らはそれを見て、直ちにベーブを近くの薬屋へ運び、解毒剤を飲ませ、そのあと彼をマサチューセッツ州総合病院へと送り届けた。初期の処置を誤ったトレーナーは、このあと球団から馘首《かくしゅ》されている。

連れていかれた病院で、ベーブは少なくとも10日の入院が必要と診断された。そこで彼がどんな処置を受けたのかはわからないが、たっぷりと治療を受けたのは間違いない。入院を知ったファンから花束が多数贈られていて、その部屋はまるで花屋の店先のようになっていたという。見舞いの手紙もたくさんあり、中にはセントメリー校のギルバート神父からのものもあった。

一部には「ベーブ・ルースは死んだ」という話が広まっていたから、本気で心配した人も多かったようだ。しかし、ベーブは入院から11日目に退院した。

少なくとも数日は家で療養しているようにとの指示のもと、すぐにユニフォームを着ることはなかったが、その次の週に赤十字のための慈善試合が行われた時には、出席してファンの歓呼に応えている。

そして、そのあとは早くもゲームに復帰。戦没将兵記念日（メモリアルデイ）には、ピンチヒッターとして登場し、さらに5月31日には対タイガース4連戦に向かうチームに合流してデトロイトへいった。実際そこで登板しているだけでなく、投打の両面で大活躍をするのだから、驚くではないか。

ベーブには無茶な話はつきものだから、こんなこともつい見逃されてしまうのだが、注意して見る必要がある。というのは、「ベーブ・ルースの二刀流」という快挙発生の秘密が、そんなところにあったからだ。

「毎日ゲームに出たい」

監督はベーブを、あくまでもチームの左のエースとして固定しておきたかった。先述のとおり、左の彼を中心に投手陣のローテイションを組んでいたからだ。

レッドソックスはこのタイガースとの4連戦のあと、6月18日にボストンに戻ってくるまでに、クリーブランド、シカゴ、セントルイスへと転戦する。移動しつつの戦いで、それも17日間に17試合。つまり、毎日であった。

戦争などによって選手が手薄になっている時の強行日程は、さしもの大リーガーにも過酷だった。誰もが肉体的にも限界にきていたが、特にベーブには厳しかったはずだ。彼はまだスペイン風邪と硝酸銀の害から完全に立ち直っていたわけではなかった。が、監督は彼に期待していた。そのためこそ、彼を連れてきたというのだ。何しろレッドソックスは、この時ペナントレースで首位に立っていたのだ。2位との差は2ゲームだった。

折も折、こんな時に、左腕の好投手ダッチ・レナードが、急遽、チームを離れることになった。「働くか、戦争にいくかせよ」という政府の呼びかけ（後述）に応じて、造船所で働くことにしたという。呼びかけが発効するのは7月1日だというのに、彼はそれを待たずに先取りして志願したのだが、困ったのは監督のエド・バーローだ。それでなくとも、投手のやり繰りには苦心してきた。ここで彼に抜けられてはお手上げだ。あとは、「あのベーブに頼るほかない」というのが監督の決意となった。左のエースとしてベーブをローテイションの中心にし、それを守り続けよう。しかし、問題はベーブ自身がそれを引き受けるかどうかだった。彼は投手としてよりも、打撃の人としてゲームに出ることを望んでいる。監督の悩みはそこにあった。

ベーブ自身の考えを本人の言葉で聞いてみよう。(Leigh Montville : Big Bam)

「投げるのは嫌いじゃないですよ。しかし、ローテイション投手になると、ゲームに出られないことが多くなる。僕はそれが嫌なんだ。僕は毎日ゲームに出たい。希望をいえるなら、一塁手をしたい。ある時は投手として試合に投げ、それ以外の時には別のポジションを守るなんてできない。それを毎年続けるなんて、やれるわけがない。今年僕はそれをしているが、それは僕がまだ若いから。今は何でもできる。しかし、これからの多くのシーズンをそうして過ごすなんて、とても保証できない」

戦争のほか、パンデミックで休む選手もいて、チームの戦力が乏しくなっていることはわかっている。人員がなくてはベーブを投手兼外野手として使うことには致し方のない面もあったが、ベーブに注目した記事を書き続けていた『ボストン・グローブ』紙のエドワード・マーチン記者は、その危険性を指摘している。「外野手として遠投をした時、その黄金の左腕を故障させてしまう心配はないのか」

ベーブの打撃。「毎日試合に出たい」といい、この頃は一塁手を希望していた

というのだ。

この記者の記事は、今読んでもベーブのことをよく見ていて的確である。そのまま彼のことを書き続けてくれていれば……と思うが、同年秋の「スペイン風邪」再来の時、それに罹って亡くなっているのは残念だ。（第六章参照）

積もり積もっていく不満

ベーブ・ルースの名声は、マウンド上の彼に捧げられるより、バッティングに対するものであることが、次第に明白になってきた。事実、ベーブは投球に苦心する。

6月7日。チームが辛うじてア・リーグの首位を保っている時に、クリーブランド・インディアンズとのゲームにリリーフとして登板した。しかし、1イニングも持たず、アウトをたった一つとったのみで、降板。敗戦投手となった。そのあとなのだ。彼が自ら「投手としては、俺はもうダメだ」といったのは。

それでも監督は彼を投手として使い続けようとする。腕がどう、手首かどうといって、彼は登板を逃れることを考える。イライラは募るが、打席に立てば敬遠の四球が待っていた。そんな不満が溜まってか、6月21日の夜、彼は車の運転を誤って、電信柱にぶつけてしまった。そして、同じ6月の末には、ニューヨークでの4試合に3敗する。

しかし、「俺の取り柄はホームランなのだ」といわんばかりに、彼はホームランを放っていて、『ニューヨーク・タイムズ』の記事によれば、「もしも右翼にスタンドがなかったら、それは125番通りまで飛んでいただろう」というものだった。

6月28日のセネタースとのゲームでも、彼はホームランを放ったが、勝負には負けていて、チームは首位の座から転落する。翌日には勝利を収めたものの、ヤンキースやインディアンズと同率で、辛うじての首位だった。

もうこの時期になると、新聞記者にもベーブに対する評価にいくつかの派ができていた。「投手に専念させろ」というもの、「いや、打者だ」とするもの。「投打の両方」を主張する派もあって騒然。それに決着を与えたのは、やはり彼のバットだった。

6月最後のゲームも、セネタースが相手だった。レッドソックスは当代速球王のウォルター・ジョンソンを打ち崩すことができず、1対1のまま延長戦へと突入した。しかし、10回、走者が1人出たところでベーブが放った一打は、グリフィス・スタジアムにおける最長打となるものだった。

大リーグのどの球団も、軍への召集は大きな影響を与えていた。13名を失っていたボストン・レッドソックスも、連日のやり繰りに必死だった。「何とかペナントレースは成立させたい」という関係者の思いで、やっとそれは終盤に持ち込まれた。

バーロー監督との軋轢

ベーブ自身は、毎日ゲームに出られるポジションプレイヤーを希望していても、監督の願いは、どこまでも変わらない。左のエースとして、ベーブにはマウンドから降りてほしくないのだ。彼を中心に投手陣全体のバランスを監督は考えていたからだ。

両者の対立といえば、こんなこともあった。

ニューヨーク・ヤンキースとの試合で、ベーブを一塁手に使ったところ、彼はホームランを打った。監督としては、ベーブに対して投手の任務に専念させるよう説得する機会を探していたのだったが、ホームランの快感に浸っているベーブにそれをいうのは無理である。説得はベーブが打てなかった場合に、しっかりとすることに監督は決めた。「いつか彼にもスランプがくる。その時にいおう。彼もきっと投手に戻して下さいというだろう――」

ところがスランプどころか、ベーブはその3日後に、5打席に5安打を記録した。そうなると、ついに監督も諦めたかと思うと、さにあらず。彼はまだ意地を張り続けて、投手の仕事の方にもっと力点を置くことを希望する。ベーブはベーブで、監督の願いを拒絶し続けた。怒りに煮えくり返っていたのは、監督もベーブも同じだった。

折も折、投手の1人ダッチ・レナードがクウィンシーの造船所で働くことになり、チームを離れた。彼は6月に3試合連続のシャットアウトを見せていたから、チームには痛い別れとなった。

自分の意思で

7月2日、セネタースとの試合のためにワシントンへいった。

その時、監督はベーブの打法について注意し、一つの指示を出した。

「お前のバッティングには一つの悪い癖がある。いい球がくるのを待たないで、打ち急ぐ弱点だ。いいか。2、3球は、投手からの球を見逃してから、ゆっくり打て。いいか、わかったか。2、3球は、待つのだぞ」

ところがベーブはそうはしなかった。

6回、「余計なお世話だ」とばかり、初球にいきなり手を出して、バットを強振。しかし、見事失敗してポップフライに終わった。「何て馬鹿なバッティングだ!」と監督は叫んだ。

「馬鹿なとは何だ」ベーブも黙っていない。危うく殴りあいの様相となったが、チームメイトが中に入ってやっと止めた。罰金500ドルがいい渡された。「上等だ」とばかり、ベーブはすぐにユニフォームを脱ぎ捨てた。そして、ベンチを出てスタンドへ。ゲームは最後まで見て、その終了後に用具などをバッグに詰めて、ボルティモアへと帰っていった。

ベーブと監督はついに決裂したか――。みんな心配した。「ベーブは退団か」と地元新聞の記者が彼を訪ねてみると、彼は父親が経営するバーにいた。危機といえば、たしかにこの時が一つの危機だった。

ベーブの父が経営していたバーの様子。右が父。二人目がベーブ

しかし、あんなに怒っていた彼なのに、記者がいった時にはもういつものベーブに返っていたという。「明日のゲームには出ると、監督に伝えてくれ」

翌日には、彼は何事もなかったようにやってきたという。ヘイニー・ワグナーというコーチがベーブをなだめにきたことも役立った。このコーチはいつもベーブ側に立って支援してくれていた人だった。

ところが、監督自身はまだベーブに対する怒りを収めてはいなくて、7月4日のフィラデルフィアでのダブルヘッダーには、ベーブを登板させていない。ただし、その翌日には両者の気持ちも落ち着き、ベーブは登板。アスレチックスとの1戦を延長10回まで投げて、4対3で勝利投手になっている。

ここにベーブに関する世の常識のおかしさが、浮き出ていないだろうか。

私自身も長い間、間違って考えていた。ベーブを投手からホームラン打者へと変貌させたのは監督だったと思い込んでいたからだ。こうしてみると、監督はあくまで彼を投手として最大限使いたがっていたことがわかる。ベーブ本人が打者でいくことを望み、それを請願し、努力し、監督の考えを変えさせたものだったのだ。

ベーブ・ルースは監督にいわれてホームラン打者への道に進んだのではなかった。普通はそのようにいわれるが、それは間違いだ。ベーブは自分の意思でそれを選んでいた。監督からはきつい反対があったのにも屈せず、その意思を通したのであった。このことは、私としても強くいっておきたい。

ホームラン王を分け合う

ただ、そうなると、一時は監督の命にも素直に従おうとはしなかったベーブも、多少とも監督の意向に沿う気になったらしい。ベーブにも監督の気持ちが次第にわかってきたのだろう。以前ほどの衝突はなくなり、意見の対立は収まった。シーズンの後半からは、ベーブの起用法についての監督のやり方にも工夫が出てきたこともある。打者でいきたいとする彼の意思をできるだけ尊重しながら、投手もさせるように、上手に彼を扱ったからだ。

彼が投打両面の活躍ができたのは、その結果だった。典型的な例が7月17日のこれもダブルヘッダーで、初戦でレフトを守り、2試合目に登板して、相手をシャットアウトに葬った。

7月19日、突然、政府から重大な発表があった。

戦局が厳しくなってきたので、それまでプロ野球が持っていた特別な優遇はなくなるというもので、ほかの芸能人たちと同じ扱いを受けることになったということだった。それまでは、戦時中とはいっても、国民には心を和ませる娯楽は必要だとされ、軍への招集は大目に見られていたのが、その枠が外されたわけだ。このままでいけば、野球チームのメンバー全員が戦地へいくか、工場へいくかすることもあり得ることになった。

プロ野球のシーズンも、9月1日までに終了することが決められ、ワールド・シリーズは9月の初旬に行われることとされた。

老練な監督の手綱さばきにより、投打二刀流の道をとっていたベーブ・ルースは、8月31日には、ボストンのフェンウェイ・パークでのフィラデルフィア戦に6対1で完投。投手としての面目も保った。それでいて、この短いシーズンに、放ったホームランが11本。これは、アスレチックスのティリー・ウォーカー選手と同数であり、ホームラン王を分け合うことになる。ホームラン数は同じでも、打数はウォーカー選手がベーブより97も多い414だった。なお、このあとの11年間は、ホームラン王の座はベーブ独自のもので、誰も彼に接近すらできないことになる。

あとはワールド・シリーズを残すのみとなったが、時節がら、これもまた場所を限定しての開催となった。

ほかのイベントでは、長い伝統を誇るボストン・マラソンも中止が決まっていたし、人気オートレースのインディ500もなかった。競馬もなければ、ハーバード大学対イェイル大学のフットボール試合もなかった。その時にあって、大リーグのワールド・シリーズが、曲がりなりにも実施できたのは、関係者の意地というべきだった。特に、左のベーブを押し立てていけば勝てるというレッドソックス球団の確信が、中止ムードを蹴散らした感があった。

ワールド・シリーズでも大活躍

シカゴ・カブズとのワールド・シリーズでのベーブの活躍は特筆ものだ。戦時の旅行規制のため、初めの三戦はシカゴで行われることになった。あとはすべてボストンの予定だった。

監督はそのシリーズに一つの策を弄した。初戦を前に、先発投手をカール・メイズにするか、ジョー・ブッシュにするかのどちらかだとの見解を漏らしていた。ということは、ベーブは左翼手としての登場だと見られた。

初戦の打撃練習の時も、ベーブをガンガン打つに任せ、野手としての登場を暗示させた。ところが、いざゲームとなって、アンパイアに手渡されたメンバー表には、投手にベーブの名があった。彼は初回から猛烈に投げた。そして見事に1対0の勝利をチームにもたらした。

しかし、翌日は逆に1対3でレッドソックスは負ける。第3戦はまたしても1点差の2対1で勝って、2勝1敗の成績を持ってボストンへ帰った。本拠地に戻ってファンの歓迎を受け、チームメイトとも揉みくちゃになった中で、彼は中指に怪我をする。監督は烈火の如く怒って怒鳴る。「第4戦はお前に決めていたんだ。シリーズに勝ちたくないのか！」

「大丈夫ですよ、監督。お望みなら投げますよ」とベーブ。そして実際に登板。4回には自ら三塁打を放って2対0とリードする。8回、相手のシカゴ・カブズも根性を見せて2点を取る。この時の失点で、ベーブ・ルースのワールド・シリーズでの無失点記録が切れたのだが、前回ワールド・シリーズでの無失点をも加えて計29回⅔の連続無失点記録を残した。それは１９６０年にヤンキースのホワイティ・フォード投手に破られるまで続くものだった。

この試合、結局はレッドソックスが３対２で勝利。ワールド・チャンピオンとなった。

シーズンを総括すると、打撃においてベーブは、ホームラン11本のほか、三塁打も11本、二塁打26本と、これらもリーグ１。盗塁６。打率は３割、長打率は・５５５だった。守備位置を見ると、投手としての13勝（７敗）のほか、外野手として59試合、一塁手として13試合を記録している。「もしも、当時にＭＶＰ賞があったならば、アメリカン・リーグのそれはきっとベーブのものだったろう」といわれたのも当然だった。

このあと、ボストン・レッドソックスが次にワールド・シリーズを制するのは、86年後になるとは、この時点では誰も予想してはいなかったろう。

要するに、１９１８年の短縮シーズンに、ベーブ・ルースをそのように多様に使った「実験」が、大成功だったということになり、それが翌１９１９年にも持ち越されていく要因となっている。投球回数は前年のものから半減して、１６６となっているし、打数が１２３から３１７へと激増していることから、二刀流への移行がこの年に始まったのが明らかだ。

そうはいっても、１９１８年が何から何まで、すべてにうまくいった年だったというわけではなかった。思いもかけなかったパンデミックの流行に遭遇し、苦しんだ年でもあった。

ベーブも罹ったあの「スペイン風邪」は、秋には第二波となって襲ってくる。ボストンを中心に、兵士たちが戦地から帰って再燃し、さらに広まるのだ。この翌年にも第三波が世界を襲い、ニュージーランドやサモアを含めた南太平洋諸島にも達し、インドでは1250万人が感染したという。アメリカでの死者も55万人を超えて大騒ぎとなる。

またこの年の8月27日、ベーブの父親ジョージ・ルース・シニアの死去もあった。喧嘩沙汰でのことだったから、何とも殺伐とした話だった。酒場経営のパートナーだった男との口喧嘩が高じて、外へ出ての真剣勝負となった。なぐられた彼は、歩道の石に頭をぶっつけて頭蓋骨の骨折。数時間後に息を引き取ったという。46歳だった。

第六章　戦争と二度目のパンデミック

働くか、戦地へいくか……

ベーブ・ルース自身にとって、1918年という年は戦争や父の死もあって大変だったが、野球に関しては上できのシーズンだった。特に打撃については、打点が61だったことに大きな誇りを得た。他人は彼のホームラン数をいうが、彼自身はこちらの方を重く見ていた。打数が彼より104も多いタイ・カッブの62にあと1と迫る記録だったからだ。

それも評価されていたものか、年俸が1万ドルへと引き上げられた。それまでは9000ドルだったのだ。おまけに、契約が3年に延びた。

短縮されたシーズンも終わった、そのあとのことだ。

政府から重大な発表があった。

〝Work Or Fight（働くか、戦地へいくか）〟という新政策の発表だった。

戦争の激化に伴って、ウッドロウ・ウィルソン大統領が新たに呼びかけた「300万人招集」の方便である。「兵役にいく年齢にある者は、戦艦を造ったり飛行機を造るなど、戦争の勝利に役立つ仕事に従事するか、戦地へいって戦え」というのだ。

それまでベーブは家長であることを理由に兵役を逃れていたが、いよいよそれも危うい。たしかに、彼の身辺から馴染みの顔が消えていた。

ウエイター、バーテンダー、セールスマン……。芸能人には、独自の方法で兵士たちの活躍に寄与しているとの評価があって徴兵を逃れる道があったが、スポーツ選手も同様の扱いを受けるのかどうかには、様々な意見があった。

戦争は激化していた。

プロ選手も、戦地へいかない者は何らかの戦争協力のために、軍事工場で働いていた。そのためにシーズンを短縮したのでもあった。

ベーブは妻ヘレンを連れてペンシルベニア州のレバノンへいくことにした。そこにあるベツレヘム製鉄工場で働くためであった。

戦争のために短くなったシーズンのあとは、そうした工場で働き、国への協力の姿勢を見せることは必要だと思ったからだ。幸い、どの製鉄会社も様々なスポーツ組織を持っていた。野球、サッカー、ボクシング、ボウリング、バスケットボール……。それらを彼らは平常通り運営していた。合言葉は「As Usual」（いつものように）である。日本では、戦争になると「非常時」という言葉がよく用いられたが、

PLAYERS MUST WORK OR FIGHT

Secretary Of War Makes Ruling On Baseball In Ainsmith Case.

TO SERVE AS GUIDE FOR DRAFT BOARDS

Baker Says Times Are Not Normal And All Must Make Sacrifices.

PLANS GAMES FOR PARIS

Evers Says McGraw Is Ready To Take Team Of Major Leaguers To France.

New York, July 19.—John J. McGraw, manager of the New York Giants, has promised to take a team of big league players to Paris for a series of games with former professional players now in the army and navy, according to an announcement here today by Johnny Evers, former Chicago Cub manager, now of the Knights of Columbus athletic department, overseas.

"American soldiers are scheduled to witness some 'big timber' games in France," said Evers. "McGraw assured me it would not cost the Knights of Columbus a cent. I have in mind some of the players now fighting the Huns, who will play McGraw's bunch. The nucleus of my team is Alexander, pitcher; Gowdy, catcher; Miller, of Cleveland and Philadelphia, first base, and Evans, of Cleveland, third base. The others I shall select as soon as I arrive in France."

Evers said he had packed in his trunk for his trip to Paris his old Cub uniform, including gloves and shoes.

KNABE AMONG FOUR LEFT.

Chicago, July 19.—All but four of the Chicago National League players would be affected by Secretary Baker's ruling that baseball is a nonessential occupation, it became know today. The four are Manager Fred Mitchell, Coach Otto Knabe, Dode Paskert and Rollie Zeider, the latter two being active players. Several of the Cubs are in Class 1 of the draft.

GRIFF READY TO PROCEED.

Washington, July 19.—Clark Griffith, manager of the Washington team, said tonight he had no complaint to make and was ready to abandon baseball for the war or undertake to carry the game on with men above or below the draft age, as the league might determine. He expects President Johnson to call a meeting of the league directors at once to decide what shall be done.

SEVEN MEN FOR TWO CLUBS.

St. Louis, July 19.—The St. Louis Americans have three players—Lowdermilk, Leifield and Demmitt—and the St. Louis Nationals have four—Ames, Wallace, Heathcote and Gonzales—who will not be affected by Secretary Baker's ruling that professional baseball is a non-essential occupation, and that players of draft age must work or fight.

FIVE WHITE SOX ESCAPE.

Chicago, July 19.—Five members of the Chicago Americans, world's champions, will not be affected by Secretary of War Baker's ruling, if it holds to mean only those players who are in the draft age. The players who are not in the draft are Pitchers Shellenback, Cicotte and Benz, Outfielder John Collins and Manager Rowland

「働くか、戦地へいくか」の新聞記事

欧米では逆。イギリスのウィンストン・チャーチル首相もよく用いたというこの合言葉で、特に野球などは熱心にプレイされていて、造船会社などと組んでいたリーグのレベルも高かった。

ベーブ・ルースが加わって、リーグ全体にさらに勢いが出てきたのはたしかだった。それにつられ、ほかの大リーガーも多く加わることになる。もっとも、一般的にはそうした隠れ蓑的リーグは、「避難地リーグ」（Shelter League）と呼ばれ、からかわれている。

しかし、ベーブ・ルースだって真剣で、熱心に練習もしていた。終わりの見えない戦争——。それなら、いっそこちらのリーグでずっとプレイする道をとってもいいとさえ、彼は考え始めていたのではなかったろうか。会社側はとても彼らによくしてくれて、待遇はいい。ファンも熱心だった。彼らは強打のシューレス・ジョーとベーブの対決を楽しみにしたという。

妻と共に軍需工場へ

9月9日のフィラデルフィアの新聞に、こんな記事が出ていた。

「フィラデルフィア発9月8日——ボストン・レッドソックスの強打の主ベーブ・ルースは、こちらのリーグでプレイすることになり、今日はチェスターの造船所チーム、明日はサン造船会社チームと対戦する。ボストン・レッドソックスとしては、同球団以外のチームでプレイすることは望んでいない。レッドソックス側によれば、ベーブ・ルースは来シーズンもボストンでプレイことになっているとか」

産業リーグでのベーブの活躍ぶりがどうだったかは、よくはわからない。ただ、各試合に1本はホームランを放ったとの言い伝えはあるそうだ。私はこういった話を1995年6月、ニューヨーク・ホフストラ大学での生誕100年記念の「ベーブ・ルース学会」で、バハマ大学のピーター・ダレオ教授から聞いた。

彼がいうには、ベーブはここでもたしかにとても熱心にプレイしていたが、それはボストン・レッドソックスの経営陣へのデモンストレイションの意味もあったのではないかとのこと。投手として続けるか、打者として毎日のゲームに出るかという問題と共に、年俸の面での折衝は常に続けられていたからだ。

シーズン中のレッドソックスの給料が自分の希望額に達しない場合は球団を去る気持ちさえあったらしい。大リーグのシーズンを度外視して、こちらのリーグでフルにプレイすることもあり得るといっているが、ほかの道も探っていたかもしれない。

男性に代わって、女性が社会の表舞台に出てきた。それまでには少なかったことだが、労働力としての女性の使われ方が目立ってきた。こうなってくると、「自分も何か変化を起こさないわけにはいかないのではないか」との思いが、ベーブ・ルースにも起きた。

ベーブは妻ヘレンと共にペンシルベニア州のレバノンにあるベツレヘム製鉄へいったのは、その結果だった。とても急な話だが、その決定に何が作用していたのかを調べてみると、一つ、わかってきたことがある。ベーブがその決心をした基には、彼が尊敬していたシューレス・ジョー・ジャクソン選手（シカゴ・ホワイトソックス）の存在がある。ベーブは彼のやり方を参考にしたようなのだ。

お手本となったシューレス・ジョー・ジャクソン

シューレス・ジョー・ジャクソンといえば、当時、打撃王の座をタイガースの至宝タイ・カッブ選手と競い合っていた強打者だ。映画『ナチュラル』や『フィールド・オブ・ドリームス』でも描かれた人だから、ご存じの方も多いだろう。

シューレス（Shoeless＝靴なし）とは、マイナー・リーグ時代に靴なしでプレイしていたことからきたあだ名である。あるゲームで三塁打を打ち、滑り込んでセーフとなったところ、相手ファンがスタンドから投げかけた「この靴なし野郎め！」という罵声から、その名がつけられた。もちろん、大リーガーとなってからはスパイクを履いたが、あだ名はそのままだった。

終身通算打率が・356となるこの人、1911年に・407を打った大打者。1912年には226本のヒットを放った傑物だ。

ベーブ・ルースがプロ入りして以来ずっと注目していたのが、実は、この人の打撃だった。バッティング・フォームの美しさに魅了されていたのだ。のちに打撃王となるあのテッド・ウィリアムス（レッドソックス）も、ジャクソンの美しいフォームを真似た1人だった。

ベーブがシューレス・ジョーの打撃に心を奪われたのも無理はなかった。ベーブの打法とは、もと

ベーブがお手本にした大打者、シューレス・ジョー・ジャクソン

もとが自己流のものであった。ボルティモアのセントメリー校で、修道士たちから指導を受けただけである。本格的なベースボール・クリニックなど、一切、受けたことがなかった。大リーグにきて初めて、先輩たちの理に適ったきれいなフォームを目にしたのであった。

シューレス・ジョー・ジャクソンの力強く、どこにも無理のない自然なバッティング・スタイル——。長打率が5割を超えること6度のこのフォームを真似て、それを自分のフォームにしたいと思ったことを、ベーブ自身が告白している。

作家グラントランド・ライスがベーブ・ルース本人に、「君は優れた投手だが、打撃もいいんだね」といったところ、彼はこう答えたということが、"The Tumult and the Shouting"という本に出ている。

「私はいい投手かもしれませんが、元来が打者なんですよ。私はシューレス・ジョー・ジャクソンさんのスウィングを真似ているのです。彼こそ完璧な打者だと思います」

また別の"Shoeless Joe and Ragtime Baseball"という本では、こうなっている。

「私がシューレス・ジョー打法を真似たのは、対戦した中で、彼こそが最も自然なフォームで打つ、最高の選手だったから。私を打者に仕立ててくれたのは彼だったといっていい。私は彼のスウィングを吸収するように努めました。タイ・カッブの打法を真似したりはしなかった。彼が打つのは単打だけだったから。シューレス・ジョーさんは両足をやや広く開いて立ち、前足を動かして打った。私はこれを少し変えた。球を待つ時は、両足をもっと狭めたのだ。この方がテコの作用が大きくなると思ったからだ。ただ、左投手にバランスを崩されることは多くなった。シューレス・ジョーさんの場合、それは私より少なかった。彼はどんな投手も苦手にはしていなかった」

家庭的な事情も、ベーブは彼に似ていた。シューレス・ジョーにも家庭があったから、彼も兵役を逃れていたのだ。しかし、他球団のファンで、その強打を憎む人たちから、「兵役逃れ！」「労役逃れ！」と野次られて困っていた。

このシューレス・ジョー・ジャクソンが軍需工場の一つに赴くのを見たことが、ベーブをも製鉄工場へと向かわせたというわけだ。ベーブが真似たのは打法だけではなかったのだ。ただし、軍需工場とはいっても、ベーブがいったベツレヘム製鉄は、スポーツの盛んな工場で、同業者で作ったリーグもあった。職場には各種のスポーツクラブがあり、その職場のチームはいずれもが強豪だった。ベーブ・ルースはそこでは製鉄の仕事をしたというより、やはり野球を通じて従業員の士気の高揚にこそ携わったものと思われる。

シューレス・ジョー・ジャクソン（右）と語り合うベーブ

二度目の「スペイン風邪」に罹患

ベーブ・ルースが再び「スペイン風邪」に罹ったのは、そんな時のことだった。

ボストンから30マイル西にあったデイブンス基地で、そのパンデミックが再燃し、それが周囲に広まったのだ。４万５０００人ものアメリカ兵がいて、訓練を行っていたところでの勃発で、そこからまたもや一般に。その時の軍の看護婦の言葉が残されている。

「ある日、50人もの兵士がそれに罹りました。すると、翌日にはもう３００人。それから連日５００人増と増え続け、たちまち２０００人がベッドに。そして次には６０００人に……。兵士たち７５７人がハエのように死んでいきました」

新しい患者は入院を断られる騒ぎとなった。常時25人いる医師が、この時には２５０人にも膨れ上がっていたが、それでも足りなかったのだ。

ボストンの市街地でもパンデミックは広がっていて、９月18日の時点で罹患者はおよそ３０００。１日で40人の死者を出している。しかし、人々はこれといってなす術を知らない。新聞記事は様々に違った意見を述べていて、むしろ混乱を起こしている。病の怖さを伝えるものもあれば、パンデミックが終息の近いことを書いた記事もあった。

事態は悪化を続けた。ボストン南部の家々、それにバックベイ地区一帯にもそれは広まった。酒場や造船所が閉じられていった。フェリー、地下鉄、トローリーバスなどの交通機関も止まった。ダンスホールや劇場も閉められたのは、いうまでもないだろう。罹患者を出した家には、赤いペンキでINFLUENZA（インフルエンザ）という文字が表示された。

レッドソックスに関して苦しい意見もあった。ワールド・シリーズの3ゲームが、パンデミックを広めたのだというものだ。パレードをしたり、祝賀の宴を張ったりしたのもまずかったといわれる。

困るのは、この病に対する治療法がないことだった。ワクチンはなく、ましてや特効薬なんて、何もなかった。人々はただマスクをするのみだった。

第二波に、ワクチンもなく

不要不急の外出は禁止された。親が「スペイン風邪」で死んだために、孤児となる子が多く出始め、社会問題となった。9月が終わる頃には、パンデミックはアメリカ全土に広まり始めていた。ボストン、ボルティモア、フィラデルフィア、ニューヨークといった東部の港町からニューオーリーンズへ、シカゴへ、五大湖地方へ、そしてさらにはロサンゼルス、サンフランシスコ、シアトルなど西海岸の都市へと伝わったのだ。

その中心がボストンだったのは間違いない。

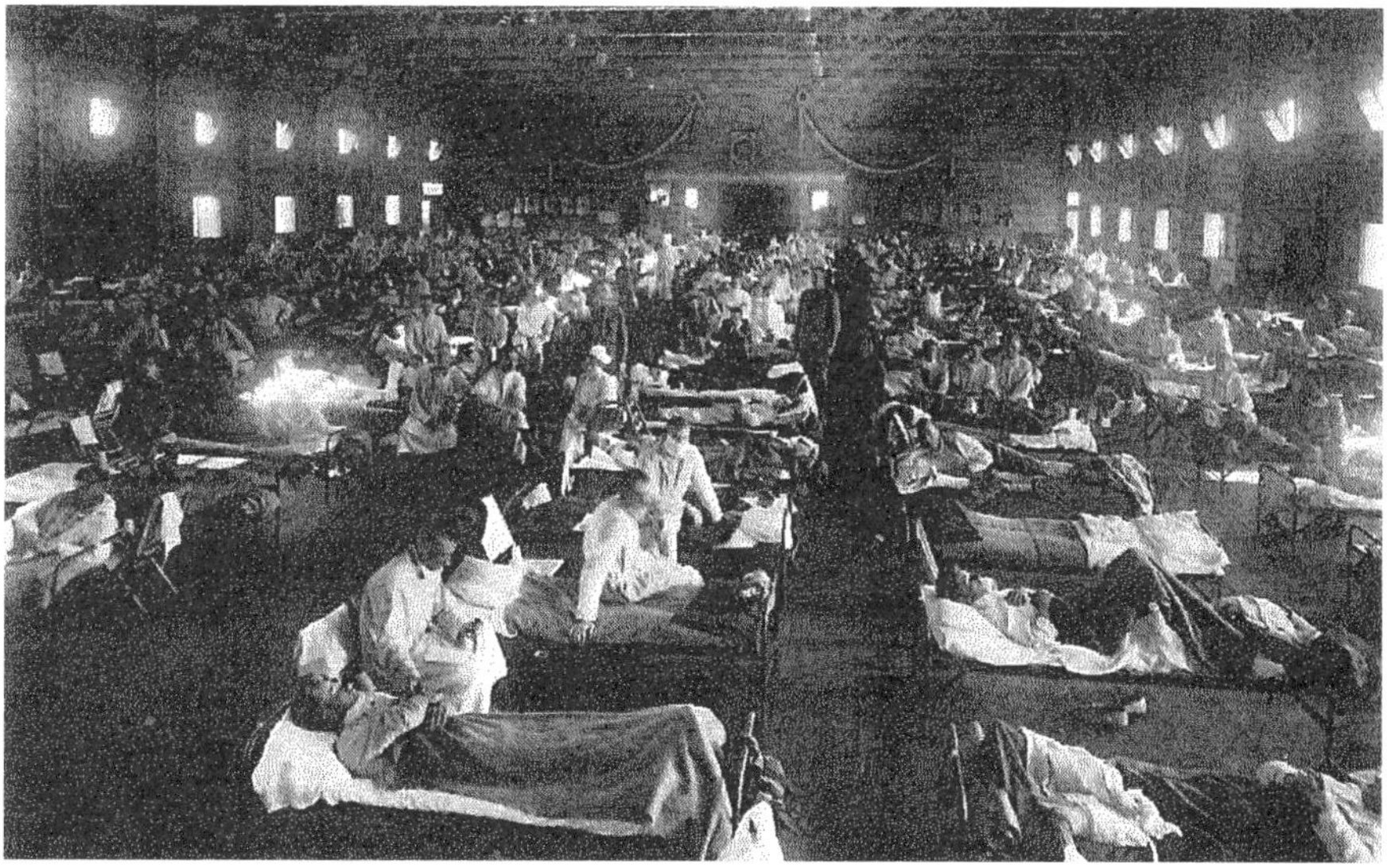

スペイン風邪はアメリカ全土に広まっていった（写真は1918年、カンザス州の陸軍病院）

一時は流行が止まったと見られたのに、それが再燃したのは、ヨーロッパの戦地からボストン港へ帰還した兵士が多かったからともいわれる。10月2日には、この日1日で、２０２人が死亡したとある。

ボストンにあって、ベーブ・ルースの足跡を、シーズンを通して地元紙『ボストン・グローブ』に書き続けていたエドワード・マーチンという記者の妻も、その日に亡くなり、記者本人もその翌日に死去した。

春の場合より、この秋の方が被害が大きかったのは事実で、10月だけで19万５０００人ものアメリカ人が、その病で死去したというデータがある。

デマや噂が飛び交った。いうまでもないが、アメリカは移民の国で、多民族が混在しているから、それが事態の混乱に輪をかけた。言葉のわからない人も少なくはなく、情報は錯綜した。噂の中には「この風邪は、普通の風邪ではない。ドイツ軍が潜水艦で運んできて、アメリカに広めたのだ」というのがあった。「戦争となれは、何があってもおかしくはない」という考えが、もともと多くの人々にあったから始末が悪い。

民族ごとにそれぞれの方法で、この風邪に立ち向かっていた。イタリア系の人は生姜を基にした自家製の薬を使い、ドイツ系の人はウィスキーなどを使った。樟脳入りの袋を首にくくりつけて、空気を清浄化するという方法に頼ったのはアイルランド系だった。フィンランド系の人はニシンから抽出した液体を用いた。馬栗（マロニエ）の木切れを首にぶら下げるという呪いをする者もいたようだ。ほおっておけば、どんなことが始まるかわからないというので、公共医療局は声明を発表した。この風邪に対する特別の薬はないことを告げ、民間でなされている療法には、害こそあれ、まったく効果のないものもあることを指摘して、注意した。

政府は国民に呼びかけた。国民各自が懸命に行動し、その疫病に罹らないようにすること。コロナ禍の今と同じ、マスク、手洗い、うがいの徹底だ。「それは愛国者の義務だ」という言葉もあった。「病人は、国に重荷を背負わせる」「今は危急の時。1人でも病人が増えれば、それだけ国に負担を強いるのだ」というわけだ。「だから、病気に罹らないことが、今や愛国者の義務なのだ」と。

ボストンでの死者は、最終的には4794人。感染者は人口78万4000人の31パーセントの24万人だった。

「戦争なんてやっている場合か」

しかし、ベーブ本人はというと、幸いにしてさほどの害を受けてはいない。2週間は床に伏したらしいが、10月の末にはもう完全に立ち直っていた。

その頃には、ベーブも戦地にいく気になったらしくて、その準備も始めてさえいるのだ。何でも、当局が徴兵の対象を18歳から45歳までに広める策に出ると聞き、それが彼の危機感を煽ったようだ。戦場では2100万の兵士が負傷したとも報じられた。

不思議なことに、ベーブ・ルースが戦争にいこうとしていたまさにその時、突然の朗報があった。11月6日の最初の「ドイツ軍降伏！」「平和到来！」「大戦勝利！」の報は、「世紀の誤報」とも呼ばれた早とちりだったが、結局はその数日後に正しい知らせがあった。11という数字がそろう11月11日の午前11時に、終戦が告げられたのだった。

戦争を終わらせたのは、「今時、戦争なんかやっている場合か」という声だった。「戦地で敵と戦って死ぬ兵士の数より多くの人がパンデミックで死んでいるというのに……」というものであった。たしかに、その意見は正しくて、10月の時点でのヨーロッパ戦線でのアメリカ兵の死者は2700人だったのに対し、パンデミックによるアメリカ人死者は2万1000人だった。

終戦を知らせる正しい号外が空を舞い、人々は狂喜した。

各地で祝砲が鳴り、祝杯が交わされた。夜明けまでに人々は通りに繰り出して踊った。ボストンでは、シンフォニー・オーケストラが勝利の大音楽祭を開催。喝采を受けた。

同様のことは、ニューヨークでもどこでも起きていたはずだ。

そのニューヨークのことについては、唐突ながらも、少しは記しておく必要がある。ニューヨークをホームとするヤンキースは予てからのレッドソックスのライバルである。それが、この翌年にはベーブ・ルース本人をレッドソックスから引き抜くという大立ち回りを演ずることになるのだからである。

もちろん、今はまだその前年であって、具体的な動きは始まってはいないのだが、遠因たるものはすでに起きていた。

第七章　動乱の時代に向かって

1919年のキャンプへ

1918年のシーズンを振り返って、球団オーナーのフレイジーはベーブに深く感謝していた。彼の人気が球団を支えたことは事実だったからだ。彼なくしては、経営がうまく運ばないことは明らかで、次のシーズンにも、彼にはいてもらわねばならないとフレイジーは考えていた。

戦争のために観客が35パーセントも減ったという事情があった。ベーブをできるだけ多くのゲームに出場させることでファンを呼ぶこと以外に、格別な方法がないことは、もはや明らかだった。

ベーブとオーナーとの折衝が続いた。給料問題だ。互いの主張が激しくぶつかった。

ベーブは年3万ドル以上で3年契約を主張して止まない。もしも給料額が希望どおりでないなら、いっそボクシングの世界に飛び込んでリングに登るつもりだなどと、本気が冗談かわからないことまで口にしている。

結局はその希望が通って、1919年の春には張り切ってフロリダのキャンプ地へと彼はいった。

ベーブ・ルースはまだ23歳。前途は打撃を中心としたものになることは明白になっている。ファンが大挙して球場に押しかける。戦時中からずっと娯楽に飢えていた人々には、ホームランは何よりの楽しみごとになったのだ。

彼のバッティングスタイルが、まず豪華だった。ほかの選手たちのようなチマチマした打法とは違って、力のすべてをバットに集中させた思い切りのいいスウィング。見ているだけで、誰もが痛快な気分になった。

当たれば、球は驚くほど遠くへ飛んだ。

ベーブ・ルースはその打法だけでなく、バットそのものまで、シューレス・ジョーのものを真似ていた。シューレス・ジョーのバットは、それまでの時代のバットとは違っていた。それまでは太くて重いものが主体で、打者たちはそれを短く持って、内野の間を抜くことを考えていて、大きく振り回すこともなかったから、グリップの部分ははっきりとしたものではなかった。ところが、シューレス・ジョーのものは握りの部分は細いが、グリップ部分には滑り止めの部分がくっきり出ていた。これで彼はギリギリまで長くバットを持つことができた。

ベーブはルイビル・スラッガー社に頼んで、それと同じ型のバットを作ってもらった。これによりバットスピードが増し、打球に飛距離を加えた。それを持って、いよいよ彼はホームランの生産性を高めたのだ。

ベーブの打球はそれこそピンポン球のように、青空に向かって飛んだ。彼は自分の長所はバッティングにあることを実感した。自分が人を喜ばせることができるのはバットによってなのだ。彼の快打が、戦争とパンデミックで荒れていた人心を癒し、皆をハッピーにするのだ。

ビリー・サンデー

タンパベイのレッドソックスのキャンプ球場は、いつもファンで一杯だった。若きベーブ・ルースがいたからなのはいうまでもないが、実はもう1人の人気者がそこにはいたからだ。ビリー・サンデーだ。陽気なニュースの上に、さらに楽しいニュースとなっていた。

ビリー・サンデー（1862〜1935年）といっても、ご存じない人もおられるだろうが、一時はれっきとした大リーガーだった人だ。年齢がベーブより33歳も上だったから、相当な差があったが、ホワイトソックスに入団する前に、ボルティモアのオリオールズでプレイしていたことがあったから、その名はベーブにも親しいものだった。

そのキャンプ地での彼の人気ときたら、ベーブと双璧をなすものだったとか。彼がアメリカ野球史に残した足跡は、実にユニークだった。ゲーム中に天の声を聞いて引退。突然、神の道に入って、全米一の説教師となっていた男だ。

生まれはアイオワ州エイムズ。父は彼が生まれてすぐに南北戦争に従軍し、そして死去した。一家は財政的には恵まれず、彼は様々な仕事をして自立の道をさぐることとなる。

母は再婚したが、夫となった男はひどい飲み助で、一家を養うことなど考えずに、飲んでばかりいる。そして数年後には、皆を捨てて、家を出ていってしまった。

ビリー・サンデーは兄と共に戦争孤児向けのホームに入れられ、少年期を過ごす。そこで野球を覚えたという経歴は、ベーブに共通する。ほかにもベーブと同じ経験をしていたことが、２人の仲のよさの基になっていたのかもしれない。

ビリーは14歳でホームを脱走。各地を転々とする。祖父の持つ農場で働いたりもしたが、農園での仕事は大変だ。彼は祖父のことは好きだったのだが、この祖父もまた酒飲みときている。飲まなければいい人なのに、飲むとビリーたちを虐待するまでになった。酔いがさめると、深く反省し彼に謝るのだが、酔っている時には何をいってもダメ。ついに、祖父とは口論が絶えなくなって、そこを離れ、同じアイオワ州のマーシャルタウンへいき自活の道を探った。ビリーがのちに禁酒運動に熱を入れるようになった原因には、そんな経験があったのだ。

ホテルマンとして働いたこともある。家具屋でも仕事をした。その頃の楽しみといえば、施設にいた時代からずっとしていた野球のみ。ある時、仲間とプレイしている彼の姿をたまたま目にしたのが、シカゴ・ホワイトソックス監督のキャップ・アンソン。彼はビリーのプレイに才能を見て、声をかけ契約に持ち込んだ。

バッティングは大したことがなかったが、足が速かったから、時代の野球には合っていた。１８８３年からはシカゴ・カブズに移り、右翼手として活躍した。そして88年からはピッツバーグ・パイレーツでプレーした。一番の得意は、ライト前の打球を、素早く一塁へ送ってアウトにすることだった。この才能もまた、攻撃が単打主義だった時代にはよく合っていた。

「貧困という大学」から這い出ることができたのは野球のお陰だった。大リーグに８年在籍して

499試合に出場。打率・248。盗塁は冴えていて246個。現役最後の1890年には、84個もの盗塁を記録しているのだから凄い。投手が3球を投げる間に、二塁、三塁、本塁を連続して陥れるという記録まで作っている。

とはいっても、ビリー・サンデーの人生話の聞くべき点はそれからあとのことだ。大リーガーとして、やっと調子が出そうになったその年、突如ユニフォームを脱いで、福音派の伝道者に転向したきっかけとなったのが、あるゲームでの守備の一件だった。

相手打者が放った大飛球を、外野手だった彼は懸命に追った。走りに走った。しかし、飛球は遠く、捕球はとうていダメに思えた。それでも彼はあきらめずに追跡していって、無理かと思いながらも最後にグラブを出すと、これが不思議！　ボールはその中に入っていた。

彼が天啓を得たのは、その時なのだ。彼は神を信じた。

翌1891年の春からは、彼の姿はもう野球場にはなかった。神の道に入っていたからだ。

福音派の巡回説教師というのが彼の仕事だった。様々な土地を回った。あくまでも人の道を説くのだが、主に禁酒を説いて回った。

彼自身が告白しているところでは、彼自身にも飲酒に浸っていた時期があったし、女性の色香に迷ったこともあったのだとか。それだけにこそ、悟りを開いたあとの話には、説得力がこもっていたのだろう。

彼の説教のスタイルがまた独特で、これも大人気の原因となった。その動作が野球の審判と同じなのが大受けしたのだ。

「心の悪魔を追い払え！」という時には、親指を立てて「アウト！」の仕草。罪人が魂の救済を求めて家に帰るくだりでは、ホームスチールのような滑り込みまでした。実際に手を伸ばして、舞台の上で頭から滑るのである。たしかに、説教中の彼の写真が多く残されているが、本当にアンパイアそっくりだ。

１９１９年、ベーブがフロリダでのキャンプにきていた時、ビリー・サンデーがちょうどそこを巡回していたことから、２人の出会いがあったわけだ。勘繰ってみれば、選手たちをできるだけ飲酒から遠ざけるために、説教師の彼を球団が招いていたとも考えられるし、あるいはまた、ビリーは日頃から「戦争の時にこそ野球が役に立つのだ」という信念を持っていたとのことだから、彼の方からチーム激励のためにそこにきていたのかも知れない。

ともかく、ビリー・サンデーは球団からユニフォームをもらい、時にはバッティングや守備の練習までして、ファンには大受けに受けていたとのこと。ファンサービスという点から見ても中々の活躍で、いつもベーブと並んだ写真を撮らせてキャンプ地の人気を高めている。シーズンに入っても、仕事のない時には球場にきてベーブたちの世話を焼いていたというから、やはり野球が本当に好きだったのだろう。

しかし、それにしても……と、不思議な点も思いつく。

ベーブ・ルースといえば、世にも有名な大酒飲み。禁酒を説く説教師が、大酒飲みの代表者と、ど

大リーガーから伝道者となったビリー・サンデーは、審判のアクションで説教を行って人気を博した

うしてそこで楽しく過ごしていたのか。それが疑問だ。

1919年のシーズンに向かって

肝心のベーブ・ルースだが、本人はファンの前で豪快なホームランを放つことばかりを考えているのに、監督は依然として彼を投手して使い続ける計算から離れることはない。そもそもベーブのレッドソックスとの契約は、投手としてだったことが、まだ頭から離れないのだ。両者はなかなか折り合えなかった。

4月4日に強豪ニューヨーク・ジャイアンツとのエキシビションゲームが、キャンプ場にしているプラント・フィールドで行われるので、そこで一つの結論を出そうということになった。

相手の投手はコロンビア大学で投げていたジョージ・スミス。2回、ベーブ・ルースに対して投球したあとに聞いた音は、それまでの彼はまったく耳にしなかったほどのものだったらしい。打球はどこまでも飛び続けて向こうの競馬場まで達していた。プラント・フィールドという球場は競馬場の中に造られたものだった。ついでにいえば、この日のベーブの大ホームランのボールは、ゲーム後にあのビリー・サンデーに贈られたという。

レッドソックスのエド・バーロー監督はもちろん、相手ジャイアンツの監督のジョン・マグロウも、ベーブのその快打を見ていた。両者共に、それが彼らの見た最長打であることで、意見は一致していた。あの当たりを見てしまっては、さしものエド・バーローもベーブの進む道を「打者」とするだろう、とマグロウは思ったという。しかし、監督はそんなことで簡単に結論を出す男ではなかった。ベーブの使い方について、投手としての方を重視する意見は、あまり聞かれなくなっていたのに、監督はまだそれに未練を持っていた。

スプリングキャンプの終わりは、4月18日のボルティモアでのオリオールズ（インターナショナル・リーグ）とのゲームだった。それは、かつてベーブ自身が最初に入団したところで、知人も多い。当時の彼は、まだセントメリー校を出たばかりのガキだった。しかし、今はもう大リーグ切っての強打者となっている。

RUTH ALWAYS VALUABLE

When Not Busy With Bat He Is Pitching Fine Ball.

TIGERS EAT OUT OF HIS HAND

Red Sox Bunch Two Doubles Behind Two Passes, Winning Game In Opening Inning.

Detriot, Aug. 8.—Although Babe Ruth is not making homers these days, or even getting his usual share or safeties, he is pitching great ball for the Red Sox, proving he always can turn his hand to something to aid his team. He pitched splendid ball today against Detroit and Boston won, 4 to 1.

Two passes followed by two doubles gave the Red Sox three runs in the opening session. Score:

BOSTON.	Ab.	R.	H.	O.	A.	E.
Hooper,rf..	4	2	1	2	0	0
Shean,2b...	4	0	0	3	3	0
Strunk,cf..	2	1	1	3	0	0
Ruth,p.....	4	0	1	0	1	0
McInnis,1b	4	1	1	12	0	0
Miller lf...	4	0	2	1	0	0
Scott,ss....	4	0	0	0	8	0
Mayer,c...	4	0	1	6	0	0
Cochran,3b	4	0	1	0	1	0
Totals....	34	4	8	27	13	0

DETROIT.	Ab.	R.	H.	O.	A.	E.
Bush,ss....	5	0	0	1	2	1
R.Jones,3b.	4	1	1	0	1	0
Cobb,cf....	3	0	2	3	0	0
Veach,lf...	3	0	1	2	0	0
Griggs,1b..	3	0	0	10	0	0
Harper,rf..	3	0	2	4	0	1
Young,2b..	4	0	1	1	4	0
Spencer,c..	4	0	0	5	0	0
Boland,p..	2	0	0	1	3	0
Kallio,p...	0	0	0	0	1	0
aKavanagh	1	0	0	0	0	0
bWalker...	0	0	0	0	0	0
Totals....	32	1	7	27	11	2

aBatted for Boland in seventh.
bBatted for Kallio in ninth.

Boston..........................	3	0	0	0	0	0	1	0	0	—4
Detroit..........................	0	0	0	0	1	0	0	0	0	—1

Two-base hits—McInnis, Miller, Mayer, Strunk. Three-base hit—R. Jones. Stolen bases—Cobb, Veach. Sacrifice hit—Shean. Sacrifice fly—Cobb. Double plays Cochran, Shean and McInnis; Bush, Young and Griggs. Left on bases—Boston, 7; Detroit, 9. Bases on balls—Off Boland, 3; off Ruth, 4. Hits—Off Boland, 7 in 7 innings; off Kallio, 1 in 2 innings. Struck out—By Boland, 4; by Ruth, 3. Wild pitch—Ruth. Losing pitcher—Boland.

「ルースはいつも貴重」の見出しに続き、「バットで忙しくない時は剛速球を投げる」。バーローが投手起用に拘泥するのも無理はなかったはっきりいって、マイナー・リーグの投手では、ベーブのバットを抑えられるものでない。試合は12対3だったが、ベーブはというと、2個の四球のほかはホームランが4本！　翌19日にもゲームはあって、そこでは2ホーマー。2試合で6本を放っていた。彼自身も自分の成長ぶりを皆に見せつけられ、嬉しかったろう。ファンはホームランのたびに大歓声を挙げて、彼らのヒーローの躍進を祝った。

こうなると、もうホームラン時代の幕開けだ。ファンが彼に向けて発する言葉も、「ホームランを打って」「ホームランを頼むよ」であって、「勝利投手になって」なんかではない。特に子供がそうだ。これでは彼もホームランを意識しないわけにはいかない。

それは彼自身が望むところでもあったから、あとはその野球街道を驀進することになる。どの町へいってもファンはベーブを追いかける。そして口を開けばホームランだ。新しい時代に向かって、彼は自信を深めていくが、監督との不和は続く。

シーズン突入前の大事な時だった。

いくら好調のベーブといっても、節制してゲームを迎えてほしいという気持ちが監督には強くあった。しかし、ベーブはいつものように、夜になると歓楽の巷に姿を消す。彼はまったくの呑気坊主で、怖いものなしの遊び人なのだ。

「今夜こそ、とっちめて説教してやろう」と監督は腹をくくった。

しかし、ベーブはなかなか帰ってこない。ローリー・ホテルのロビーで待っていても、彼を捕まえることができない。監督は意地を張って、彼を待った。

よく映画の場面で、監督がホテルのロビーで選手を待ち伏せるシーンがあるが、まさにそのままだった。深夜まで待ってもダメで、もう朝になりそうだというので、監督は係の者に彼がきたら起こすように頼んで、ベッドにもぐった。そして、一眠りしたあとになって、やっと連絡がきた。「ベーブが帰りました」というのだ。

監督はベーブの部屋へいって、ドアを開けた。ベーブはもうベッドに入っていた。彼は服を着たままだった。いや、靴まで履いていた。そして、もう寝息を立てていた。監督は説教をする気力を失い、「明日話をする」といい捨てただけだった。

ベーブと監督の感情のいき違いはそのまま解消されずに、シーズンの終わりまでいくことになる。

それまでとは異なる打撃

ところで、不思議といえば不思議なのだが、それまでは野球におけるホームランというものが、さほどに皆の関心を集めていたわけではなかったようなのだ。それはベーブが量産するようになって初めて、人々の関心事となったものといっていい。時代が「デッド・ボール」と呼ばれる「飛ばないボール」使用の時であり、投手がまだトリック投球やイカサマ投球をしていた時代だったからだろうか。

たしかに、シングルヒットで出塁して、あとは盗塁という時代では、ホームランはほとんどなきものだった。当然ながら、それまでのホームランの最多記録が何本なのかもわからず、誰によるものかも、大して問題にされなかったというのも本当だろう。ベーブの出現から、新聞記者たちが古い記録を調べにかかった。

最初、それは１８９９年のバック・フリーマンによる25本が最多記録だとされた。しかし、やがて別の者が調べて、１８８４年にネッド・ウィリアムソンという男がシカゴのレイクフロント・パークで27本のフェンス越えを記録していることを発見した。ただし、その球場はかなり手狭なものではあったとのこと。

アメリカン・リーグの記録では、１９０２年にソック・セイボルドによって作られた16本の記録があることがわかった。ベーブはそれを簡単に超え、そして１９１５年のギャビー・クラバスによる24本もクリア。バック・フリーマンの25本も超え、９月20日にはウィリアムソンの27本に並んだ。そして24日、彼はついに28号を放ってホームランの新記録を樹立するのだ。

それはニューヨークのポロ・グラウンズでのダブルヘッダー第２戦目のことで、ライト場外への「球場開闢以来の大ホームラン」だった。彼はそのあともう1本打って29本とする。「飛ばないボール」の時代だったことを思えば、29本のホームランというのは、まさに快挙だ。

ただし、この年にベーブが外野手として出場したのが、１３８試合中の１０１試合に及んでいることは、注目に値しないだろうか。前年は１２６試合中59試合に過ぎなかった。

打撃による貢献は当然大きくなって、その結果が打率・３２２で、打点は１１２もあった。

シーズン中、投手として登板したのは17ゲームに過ぎない。成績は９勝５敗。これで彼の大リーグでの投手成績は89勝46敗となった。続く14年間に5勝を加えることになるから、合計して94勝46敗。勝率は・671となっている。

投手としての成績では、二大投手ウォルター・ジョンソンとグローバー・アレキサンダーに上位を譲るのみだったのだから、まだまだ左投手としてはNO・1だった。20世紀の傑出した左投手として野球殿堂に入っているループ・ワデルやエディ・プランクより、ベーブの方が勝率はいい。彼が1916年に記録した9完封は、左投手としては今もまだ残るアメリカン・リーグの記録だ。ワールド・シリーズでの29回⅔無失点も、44年間破られなかった。歴代の大リーグ投手の中で、ベーブ・ルースの勝率は第5位。防御率2・28は歴代10位。投手として5年くらいでは資格はないという人もいるが、まともに投げたのが6年間でしかなかったサンディ・コーファックスの例もある。打者としてベーブ・ルースが殿堂入りにふさわしいのは当然として、投手としてだって、殿堂入りに不足な成績ではない。つまり、彼は投手としても打者としても、充分な働きをしたことになるから、野球殿堂のプラークは、彼に限っては二つあってもおかしくはないというのである。

立ち込める倦怠感

1919年、ベーブ自身の打撃はよしとして、ボストン・レッドソックスという球団自体は、まったく調子を失っていた。はっきりいって、完全な不調の年だった。

怪我や故障に泣く者の続出で、チームはペナントレースへの波にも乗れず、5月末の時点で首位との差は、何と10ゲーム。前年の覇者である彼らが、シーズン終了時には第6位。首位とは20ゲーム半の差に広がっていた。好調だったのは、アメリカン・リーグではシカゴ・ホワイトソックス。ナショナル・リーグではシンシナティ・レッズだった。その両者が、この年のワールド・シリーズを戦うことになる。

ベーブ・ルースたちが、あの春のキャンプの頃の元気をなくして、リーグ第6位の悲嘆に暮れていた時に行われたワールド・シリーズが、大リーグの史上最悪のスキャンダルとなろうとは、関係者以外は誰も予想もしなかったことだった。

国全体に戦後の倦怠感が立ち込めていた。インフレ、高い失業率、労働争議、人種闘争、テロによる爆破事件もあった。ボストンでも、ニューヨークでも人心は荒れていた。そんな中、それは静かに進行していた。映画『フィールド・オブ・ドリームス』などでも知られるもので、よく引き合いに出されるが、一応その全貌を見ておくことにしよう。

第八章

「ブラックソックス・スキャンダル」

野球の歴史の初めから

ベーブ・ルースは、野球選手となってまだ何年も経たないというのに、もうヒーローへの道に立つことになった。いつの時代にあっても、ヒーローの出現には背景として格別なお膳立てがあるものだが、ベーブ・ルースの場合は、1919年のワールド・シリーズがそれに当たる。

とはいっても、ベーブ自身がそこで大活躍したという話なのではない。そもそも、その年にはレッドソックスはリーグ優勝を果たしてはいなくて、シリーズへの出場権を持ってはいなかった。シリーズにおける対決は、シンシナティ・レッズとシカゴ・ホワイトソックスによるものだった。

どうしてそれが出場もしていないベーブをヒーローへと押し上げることになったのか。その理由は、その年のワールド・シリーズそのものの意外な展開にある。意外な展開というのは、それがギャンブラー一味によって仕組まれた八百長シリーズだったからだ。

アメリカ野球の頂点を示すワールド・シリーズに、八百長などあるものなのか。

野球の歴史に詳しい方なら、ベースボールは初期の一時期を除いて、すぐにイカサマ、インチキで溢れるものになったことをご存じだろう。八百長だって、どれほどあったか知れない。もともとはベースボールとは、ニューヨークはマンハッタンの若きビジネスマンたちが始めた上品なゲームだったのに、そんな質的変化はどうして起こったのか。

歴史の偶然とは面白いもので、1845年のベースボールの誕生と、アイルランドで主食のジャガイモが腐り始めた時期とが重なった。5年も続いたジャガイモ飢饉で亡くなった人がおよそ100万人。故国を捨てて他国へと飛び出した人もまた100万人ほどだった。主たるいき先はアメリカのニューヨーク。まさにベースボール誕生の地であった。

さらには、ヨーロッパでの革命騒ぎを逃れてアメリカへと新天地を求めてきた人々が加わった。娯楽や気晴らしに飢えていた彼らは、初めて見たベースボールというゲームに飛びつき、これに親しんだ。そして、ベースボールの成長と共に歩んで、その進展に深く係わったのだ。

質的変化はどうして起こったか

ゲームの本質は激変した。当初は上品だったゲームが、チームの急増と、競争の激化によって、勝利のためなら何でもありの様相を呈するものとなった。イカサマや八百長が出てきたわけである。熱気の中心がマンハッタンからホーボーケンへ、さらにはイーストリバーを越えたブルックリンへと移ってファンを多くしたあとは、それまでのお上品な親睦ムードは、ゲームから消えた。厳しい覇権争いが生じた。そして、すぐに賭けの対象となって、八百長発生の下地となった。

もちろん、「野球育ての親」ヘンリー・チャドウィックのように、これを国技にする考えを持つ人もいて、野球における賭けごとに反対して、それをやめさせようとした人もいたが、ボクシングや競馬が賭けで栄えていることを挙げ、「同じプロ・スポーツでありながら、どうして野球では賭けをしてはいけないのか」との声が根強かった。

今となっては信じられないことかもしれないが、球場によっては、賭けをする場所が場内に設けられていたところもあったというから、何をかいわんや。金を賭けるのは、何も観客だけに限られてはいなかった。プレイヤー自身も賭け、監督も賭け、アンパイアまでもが賭けたのだから、どうしようもない。モローという名のアンパイアなどは、担当以外のゲームならいざ知らず、自分が受け持つ試合でも賭けを行っていたという。

ブルックリンの地元新聞『イーグル』紙には、「選手たちが熱心にゲームをしているのは、野球が好きだからではなく賭けに勝つためなのだということを知ったら、観客は果たして興味を持ってゲームを見続けるだろうか」――と問う記事が出たほどだ。

考えてみると、ベースボールほど賭けに向いているゲームもほかにはないのかもしれない。本来的に、ベースボールは時間的にのんびりしていて、途中には無数の「間」がある。投手の投球の一つ一つが、すでに「間」に囲まれているのだ。加えて、プレイ毎の合間の隙も長い。こうした無数の「間」が、ゲーム進行中での賭博を可能に、それを許してやまない。

そして、賭ける対象も多い。勝負の行方だけではなく、点差、ヒット数、三振奪取数、ホームラン数……。それも各イニング毎にできるし、投球の一つ一つに賭ける場合もある。新聞は賭け率を発表したり、週毎の勝ち試合数、ホームラン数、ヒット数などを公表したりして賭博の元締めに協力していた。その日1日の数字だけでなく、週や月にまとめての賭けもあった。

選手たちの趣味娯楽といっても、大小様々な賭けごとがそれで、自分たちのゲームにもよく賭けていたというのは事実である。あのタイ・カッブもしばしば賭けていたことを隠してはいない。自分たちが勝つ方に賭けるのだから、問題はないのだとしていたようだ。オーナーたちは、そんな動きに気づきながらも、特に何の手立ても打ってこなかったのは、公表してしまったあとの混乱を恐れてのことだったようだ。

球団の利益というのも、チームを作り、ゲームを見せて、観客から見物料を取るだけではなかった。ファンに賭けをさせ、そこからも利益を得ようとしていたのだ。「プール」と呼ばれる公開賭博場もあった。理髪店、ビリヤード、タバコ店でそれを兼ねるところもあった。それが彼らの「国技」というものの実態だった。やはり、競馬やボクシングとは違ってはいなかったといえる。

最初の大きな八百長事件であった「ウォンズリー事件」（Wansley Affair）は、1865年9月27日にニューヨークで発生しているし、同様の事件はそのあとも度々起きている。（詳しくは『野球とニューヨーク』（中央公論新社刊）、『大リーグが危ない』（新潮社刊）をご参照下さい）

そもそもこの時期は、10年にわたって野球が八百長漬けになっていたといわれる時で、シンシナティ・レッズがペナントレースを制したのもそれによるものだったとの噂があったほどだ。しかし、いかに多くの不祥事が当時の大リーグにあったといっても、この1919年のワールド・シリーズにおける「ブラックソックス・スキャンダル」ほど大きな衝撃を社会に与えたものはなかった。

アメリカ野球史で最大の事件

八百長に関わったのがシカゴ・ホワイトソックスの選手たちだったために、その疑惑の黒さから「ブラックソックス・スキャンダル」と呼ばれる。

当時のワールド・シリーズは9試合制。先に5勝した方が勝ちだった。

戦力的には、シカゴ・ホワイトソックスの方が完全に優位にあった。ペナントレースで29勝を挙げたエディ・シコット投手を初めとして、23勝のレフティ・ウィリアムスなど、守りの中心は充実していた。捕手も信頼の厚いレイ・ショークである。内野の布陣はリーグ随一。サードは天才肌のバック・ウィーヴァー。ショートは長身で俊敏なスエード・リスバーグだった。二塁手は玄人好みのエディ・コリンズである。そして、一塁には強靱この上ない身体をもつ大男チック・ガンディル。

外野にはあの人気者シューレス・ジョー・ジャクソンがいた。球聖と呼ばれるタイ・カッブに肉薄する成績で、いつもファンを引きつけていた男だ。ほかの2人、センターのハッピー・フェルシュとライトのシャノー・コリンズは、共に守備範囲の広い堅実なプレイヤーとして知られていた。打撃力も相当のものを持っている。チーム力はどこから見ても、充実していた。

一方、相手となったナショナル・リーグのシンシナティ・レッズは、戦力的には3位がせいぜいといわれたチームだったが、ペナントレースでいくつかの幸運に恵まれてのリーグ優勝。人はそれを「奇跡」と呼んだものであった。どう見ても、ホワイトソックスを倒す戦力はなかった。

たしかに、1919年のワールド・シリーズには不可解なプレイが多かった

それがどうであろう。やってみると、このワールド・シリーズ、弱いはずのレッズの勝ちとなり、強豪シカゴはその力を十分には見せずに敗退したのであった。その成績を見るとこうである。

第1戦	○	シンシナティ	9対1	シカゴ	
第2戦	○	シンシナティ	4対2	シカゴ	
第3戦		シンシナティ	0対3	シカゴ	○
第4戦	○	シンシナティ	2対0	シカゴ	
第5戦	○	シンシナティ	5対0	シカゴ	
第6戦		シンシナティ	4対5	シカゴ	○
第7戦		シンシナティ	1対4	シカゴ	○
第8戦	○	シンシナティ	10対5	シカゴ	

強いはずのホワイトソックスが……

第7戦を終わった時点で、シカゴの3勝4敗と、一応は好対戦の様子にはなっているが、シリーズ敗戦の意図が初めからあったことは、ゲーム内容の随所に見られる。

第1戦からしておかしかった。コントロールがいいはずのエース、エディ・シコットが死球や暴投で点を与えていたり、相手投手に、それも走者をおいて三塁打を打たれたりした。

第2戦の敗戦も、ウィリアムス投手の制球力のなさから招いたものであった。ピンチでのエラーや、チャンスでの三振、拙いベースランニング等々、とり上げていったらキリがない。

悪魔に魂を売って八百長を働いたのは誰だったのか。それが表沙汰になるのが、ほぼ1年あと、つまりベーブ・ルースがヤンキースでホームランを量産し始めた年と重なる。調査の結果、次の8名であったことが判明した。

投　手　エディ・シコット
投　手　レフティ・ウィリアムス
一塁手　チック・ガンディル
三塁手　バック・ウィーヴァー
遊撃手　スエード・リスバーグ
内野手　フレッド・マクマリン
左翼手　シューレス・ジョー・ジャクソン
中堅手　ハッピー・フェルシュ

次第に事件の中身がわかってきた。首謀者は一塁手のチック・ガンディルだった。

選手たちはギャンブラーたちから10万ドルで誘われていた。ゲームまでに受けとっていたのはその一部。キャンブラーたちの中には、かつて大リーガーだったビル・バーンズや、元プロ・ボクシングのフェザー級チャンピオンだったエイブ・アテル、賭屋のジョセフ・サリバンなども加わっていた。バック・ウィーヴァーは金を受けとっていなかったという説もある。フレッド・マクマリンは試合には出なかった。シューレス・ジョー・ジャクソンは二度にわたって金の受け取りを断っている。しかし、「どうしても」といわれ、一時的に預かり、試合前にはわざわざ返しにいっているのだが、相手には会えず、返却できなかった。

5試合が済んだあたりから、彼らに反省が出てきた。このままワールド・シリーズを負けていっていいのかという思いだ。やはり、選手としての本能の向かうところは、勝利への奮闘なしにはゲームはできないということだった。

作家エリオット・アジノフのいうところをとれば、そのあとのゲームでは、彼らはあくまで力の限りで戦った。金はすべて返却する気持ちになっていたらしいのだ。しかし、結末は第8戦までやって、シンシナティ・レッズの勝ちだった。

裁判は長引いた。1920年には終わらず、結審は1921年になってからだった。シューレス・ジョー・ジャクソンに対して野球少年からぶっつけられた「嘘だといってよ、ジョー」という叫びは、すべての野球ファンに共通したものだった。球界は初めてコミッショナーという職責を作って、事件の処理と環境の浄化に乗り出した。

低過ぎる給料レベル

ギャンブラーたちから金を一切受けとらなかったとされるバック・ウィーヴァーは、ゲームにおいてもまったく怪しいプレイをしなかったとがわかった。それはシューレス・ジョー・ジャクソンにしても同じで、彼は自軍が勝つことに専念して、このシリーズでの安打は12本。それはシリーズ記録にタイとなるものだったし、ホームランを打ったのも彼だけだった。守備でも、エラーなど一切なかった。

チームの中心人物シコット投手が、ガンディルが企てたこの八百長に、初めから乗り気だったのは、オーナーのチャールズ・コミスキーへの抵抗という意味からのことだったようだ。彼は球団との契約で、30勝すれば1万ドルのボーナスをもらうことになっていたのだとか。9月に入って29勝まではしたものの、その後は先発の機会があってもベンチにいることを要求されたというのだ。ついにあと1勝届かず、29勝止まりに終わった。オーナーは、ボーナスの支払いを拒んだのだった。

もしも、その後の登板機会に使ってもらえれば、容易に30勝の領域に進んでいたはずだというのが、彼の言い分だった。その恨みへの仕返しに、シコットも白いソックスを黒く染めたわけだ。

この一件で最も咎めらるべきは、誰なのか。

それは、当の選手たちでなく、ホワイトソックスの球団オーナー、チャールズ・コミスキーだという声が、最も大きい。作家エリオット・アジノフの書いた『エイトメン・アウト』の趣旨というのがそれだった。いわれてみればたしかにそうで、ホワイトソックスは選手たちに最低限度の給料しか与えていなかったことが、事件の根底にあったことが判明した。

当時、野球界で最も経営的に成功しているのはシカゴのホワイトソックスだといわれていた。アメリカでも野球熱の最も高いのが、東部でなければあとはシカゴのみといわれていて、レベルも高くファンも多かった。東部でもヤンキースにはまだベーブは移っていなくて、人気で劣っている。球界で入場料収入の一番大きいのも、シカゴだった。それなのに、球界で最も選手への報酬が低い球団の一つになっていたのも、彼らだった。

「あれでは選手たちは可哀相だ」「選手たちが給料以外にも収入を得ようとするのは当然だ」という声があったといわれる。球団のケチさに関していえば、ユニフォームの洗濯代を選手の給料から差し引いていたのは、ホワイトソックスだけだった。

給料が不当に安いと思うのだったら、選手たちはそれを上げてもらうよう、球団と交渉すればいいではないか――と思うのは当然のことだ。しかし、それはあくまでも部外者の意見というべきものだった。当事者はできなかった。そんなことをすれば、「君はウチのチームにいなくていい」と馘首《かくしゅ》されるのが関の山だったからだ。ちなみに、この一件でシコット投手が受け取った1万ドルという金額は、彼の年俸の2倍に当たるものだった。

事件に関して判明したことの中には、最終勝負のかかった試合を前にして、金を返そうとした選手たちに対し、ギャンブラーたちがその日登板の「ウィリアムス投手とその家族を殺すぞ」と脅していたことも明らかになった。そうしたことへの理解もあったか、1921年8月2日に法廷が下した結

果は判決は、

「――無罪」

それだった。

法廷に歓声が沸き上がり、数人の陪審員も加わったファンの一団に選手が担ぎ上げられるシーンとなった。関係者は夜遅くまで喜びの声を天に投げかけたという。決定は正式裁判の結果なのだから、最大に尊重されるべきものであった。

では、選手たちは再び野球界に戻ったのかといえば、それが不思議。彼らは二度と野球界には戻れなかった。

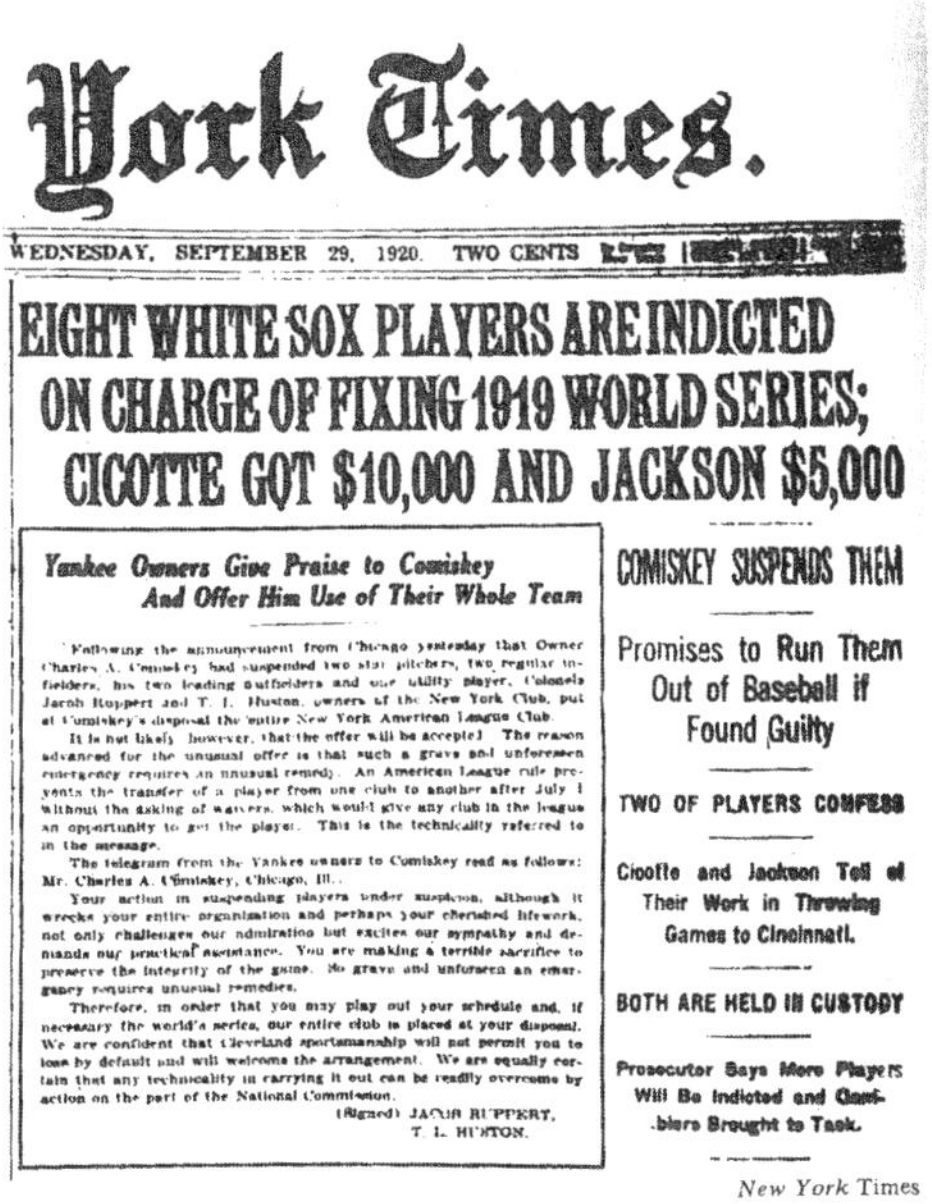

York Times.

WEDNESDAY, SEPTEMBER 29, 1920. TWO CENTS

EIGHT WHITE SOX PLAYERS ARE INDICTED ON CHARGE OF FIXING 1919 WORLD SERIES; CICOTTE GOT $10,000 AND JACKSON $5,000

Yankee Owners Give Praise to Comiskey And Offer Him Use of Their Whole Team

Following the announcement from Chicago yesterday that Owner Charles A. Comiskey had suspended two star pitchers, two regular infielders, his two leading outfielders and one utility player, Colonels Jacob Ruppert and T. L. Huston, owners of the New York Club, put at Comiskey's disposal the entire New York American League Club.

It is not likely, however, that the offer will be accepted. The reason advanced for the unusual offer is that such a grave and unforeseen emergency requires an unusual remedy. An American League rule prevents the transfer of a player from one club to another after July 1 without the asking of waivers, which would give any club in the league an opportunity to get the player. This is the technicality referred to in the message.

The telegram from the Yankee owners to Comiskey read as follows:
Mr. Charles A. Comiskey, Chicago, Ill.:

Your action in suspending players under suspicion, although it wrecks your entire organization and perhaps your cherished lifework, not only challenges our admiration but excites our sympathy and demands our practical assistance. You are making a terrible sacrifice to preserve the integrity of the game. So grave and unforeseen an emergency requires unusual remedies.

Therefore, in order that you may play out your schedule and, if necessary the world's series, our entire club is placed at your disposal. We are confident that Cleveland sportsmanship will not permit you to lose by default and will welcome the arrangement. We are equally certain that any technicality in carrying it out can be readily overcome by action on the part of the National Commission.

(Signed) JACOB RUPPERT,
T. L. HUSTON.

COMISKEY SUSPENDS THEM

Promises to Run Them Out of Baseball if Found Guilty

TWO OF PLAYERS CONFESS

Cicotte and Jackson Tell of Their Work in Throwing Games to Cincinnati.

BOTH ARE HELD IN CUSTODY

Prosecutor Says More Players Will Be Indicted and Gamblers Brought to Task.

New York Times

シコット投手が受け取ったのは1万ドルであったと報じた
1920年9月29日のニューヨーク・タイムズ紙の記事

「永久追放」の嘆き

正式裁判で無罪なのに、どうして彼らが大好きなボールとバットの世界を去らねばならなかったのか。答えは明白。コミッショナーのケネソー・ランディスがそれを許さなかったからだ。裁判で無罪の判定が出たからといって、球界全体にダーティなイメージを与えた罪は許せないとして、彼らを永久追放したのであった。野球はスポーツである前に、すでに公共的遺産となっていて、社会をコントロールしていく上で強い力を持つものとの考えからだった。

八百長にまったく関与しなかった者も、謀議には参加したが考えを改めた者も、追放の処分を受けざるを得なかった。

「殺人犯でも、許されて刑務所から出てくる者がいる」と三塁手のバック・ウィーヴァーは泣いて訴えたが、復帰は叶えられなかった。シューレス・ジョー・ジャクソンも、1924年に復帰の請願を出したが、ダメだった。コミッショナーは、あくまでもベースボールの世界を、アメリカ最大の「聖地」にしておきたかったのだ。

ベースボール・ファンを自認される方なら、追放された選手たちのその後のイメージを思い浮かべることができるだろう。あの映画『フィールド・オブ・ドリームス』において、彼らの姿が具体的に表されていたからだ。そこにはたしかに、シューレス・ジョー・ジャクソンの姿もあった。

トウモロコシ畑の中から野球場へと出てきた彼らは、球界から永久追放となった悔しさを晴らすのに懸命だった。「俺たちは、死んでも死に切れない。もっと野球がしたかったのだ」という声が、いわれなくても、聞こえてくる。

危機を救ったベーブ

「ブラックソックス・スキャンダル」の一件は、球史における最大の汚点となった。いくらベースボールの歴史に多くの八百長があったといっても、これほどのものはなかった。大リーグ野球が、古いリーグの体質から脱皮し、暗い過去を捨てて、自他ともに明朗な「国技」の牽引力となって国を引っ張り始めた時だっただから余計だ。

平和は徐々に崩れつつあった。共産主義の台頭を恐れる声も起きていた。鉄鋼界ではストライキが頻発していた。ボストンのように警察がストライキを起こすところさえあった。社会のつなぎ目が、あちこちでほころんできたのだ。

「この上、野球界がダメになっているとなれば、アメリカ社会、アメリカ文化のどこに希望が残されているのか」（チティーバー・リース）という気持ちは、多くの人々に共通のものであっただろう。そこにきての、この「ブラックソックス・スキャンダル」であった。

法廷よりさらに厳しい判断をプロ野球選手たちに示したのは、そのすべての人の気持ちを代弁してのことであったといえる。

ファンはどれほどこれに怒り、また落胆したかは、容易に想像できる。

激怒の声がこだました。

「何だ！　ワールド・シリーズが八百長だったとは！」

「私たちは、せめて野球くらいは本気でゲームをしていると思っていたから応援していたというのに、何てことだ。もう野球なんか見にいかない！」

多くのファンは野球を見放し、球場から去った。どの球団の数字においても、観客数が激減した。ベースボールはまさに死滅への道をとっていた。

その時だったのだ。ベーブがホームランを量産し始めたのは。

このスキャンダルの時期とベーブのヤンキースへの移籍とが同じだったというのも、歴史の偶然として不思議ですらある。

事件のあった1919年の彼は、ホームランを29本も放って皆を驚かせた。前年には、わずか11本だったのにだ。そして、裁判が始まった1920年、ライバルチームのヤンキースに移籍した彼はさらに大ブレイク。ホームランを54本に急増させて、皆をさらに驚かすことになる。

彼のホームランは、球場から去りつつあったファンの足を止めさせ、再び球場に向かわせるもとになった。一時は「野球なんか！」といっていた者たちまでが、またもやスタンドに詰めかけるようになった。ベーブ・ルースのホームラン見たさにである。

ベーブが産み出した「ホームラン熱」の結果は、ヤンキースの観客数に明らかだ。彼が入団する前年、彼らが本拠地に迎えた観客の数は61万9164だった。それが、翌1920年になると、最初は芳しくはなったものの、彼のホームランペースに合わせて入場者数は激増。結局は128万9422に倍増しているのであった。

続く1921年、ベーブ・ルースの打棒はますます冴え、打率にして・378。ホームランは実に59本、打点171、得点177を生み出した。確実に、時代は「ホームラン時代」と呼ばれるものに突入していた。

ベーブがなぜ野球界の最大のスターと呼ばれるかの理由が、これでおわかりだろう。ただ単に、多くのホームランを打ったからではなく、死の淵にあった野球をよみがえらせたという功績による。

8人もの優秀な野球人を追放させ、野球人気を一気に失わせた大事件の傷痕を、ベーブはたった1人、そのバット1本で埋め合わせた。いや、その後の事実を見れば、彼の功績はそれ以上だったことがわかる。ベーブの遺産はそれほどに大きい。その意味で、彼のあとの大打者たちがどれほど多くのホームランを打とうが、彼を超えることはできない。

数の上では、たしかにベーブを超えることはあった。ロジャー・マリス、ハンク・アーロン、マーク・マグワイア、サミー・ソーサ、バリー・ボンズ。単年度、あるいは通算のホームラン数で、ベーブを超える者はあった。しかし、それはあくまで数の上でのことに過ぎない。危機にあった野球を救ったという話は、彼らにはない。いまだに野球界のヒーローというと、ベーブ・ルースということになるのはやむを得ない。

コミッショナーのケネソー・ランディスは8人の選手を永久追放とし、法廷よりも厳しい処分を科した

ともあれ、「ブラックソックス・スキャンダル」の一件は、野球界にまったく違った価値観を表明する二つの象徴を持つことになる。コミッショナーとベーブ・ルースだ。

本音と建前の使い分けは、社会のあらゆる局面に出てくるものだが、これくらい明白な象徴を持つことは珍しいのではないか。

コミッショナーは、アメリカの古い価値観を以って野球界を仕切った。組織を以って正義を守ろうとし、清廉を貫くという理想を訴えた。ベーブ・ルースはホームランという治外法権で以って新しい価値観の世界を皆に見せたのだ。

野球のゲームの展開は、端的にいってしまえば、内野、外野に広がって多勢で作った守備の組織に向かって、個人としての打者が、木の棒一つで立ち向かうという図式となっている。ちょうど大きな企業体の中で、個人が一部品となってしまうことを嫌い、それに抵抗する姿を象徴して見える。ベーブがバットを持って打席に立つのを見るのは、まさにその状況を可視化したものととらえる人も、多かったのではなかったろうか。ちょうど、アメリカ社会での組織強化の状況に、不満や懸念を抱く人が出てきた時代だ。

そこでもしもベーブがオーバーフェンスのホームランでも打とうものなら、彼らにはそれが個人が組織の全体を超える痛快なイメージと重なり、夢の実現というか、一種のカタルシス（精神浄化）を与えたに違いない。ホームラン王ベーブ・ルースの登場が歓迎された背景には、そんな一面もあった。

おまけに、その時期というのが、「ブラックソックス・スキャンダル」の八百長疑惑が表面化し、裁判沙汰となって社会を暗くしていた時だったから、一層、印象的だったのだ。

第九章

ヒーローの交代
タイ・カッブとベーブ

ヒーロー像の変化

時代は、ますますベーブ・ルースのものとなり、「ホームラン時代」という言葉も生まれた。ベーブ・ルースはただ思うがままに打っていただけかもしれないが、それは野球に大きな変化を与えた。その変化は、ヒーロー像の変化そのものともいえるものだったから、結果として、信じられないほど多岐にわたる変化を社会全体に及ぼすことになる。

それまでの野球界のスターといえば、いうまでもない。タイ・カッブ（デトロイト・タイガース）だった。彼ほど多くの記録を球史に刻んだプレイヤーはいなかった。生涯に生んだ大リーグの公式記録だけでも43を数えた。

大リーグ在籍24年間のトータル記録を見ても、・３６７という通算打率の高さと、２２４５に達した得点の多さが特徴だ。そこからだけでも、タイ・カッブが見せたベースボールがどんなだったかが、わかろうというものだ。

前にも述べたが、彼が出現するまでの野球界では、ヒーローといえば投手に決まっていた。二大リーグの並立となって以来、どの球団も主力投手の擁立に躍起になったのはそのためだ。グラウンドでのファンの注目といえば、マウンド上の投手の活躍に注がれるのが常だった。

ジャイアンツのクリスティ・マシューソン、セネタースのウォルター・ジョンソン、ホワイトソックスのエド・ウォルシュ、ボストンのサイ・ヤング……多士済々だった。最後のサイ・ヤングだけ、チーム名が地名になっているのは、球団のニックネームが一定していなかったからだ。どれだけの英雄譚が彼らマウンドのヒーローについて書かれたことだったか。

それが、タイ・カッブの出現で、状況が一変した。投手中心のゲームを、打のゲームとしたのが彼だった。

両手の握りの間を空けた独特のバッティングスタイルで、1907年から15年までのアメリカン・リーグの首位打者を続けた。1年をおいて、17年からまた19年までの3連続があった。内野を強い打球で抜いたあとは、積極的に盗塁してファンを唸らせた。それこそが彼のいう「科学的野球」（サイエンティフィック・ベースボール）というわけであった。

それまでの打のヒーローたち

もちろん、大リーグにはほかにも多くのヒットメイカーはいた。特色のある選手たちで、それぞれにファンを抱え、人気も高かった。

先にも名の出たシューレス・ジョー・ジャクソン（ホワイトソックス）、田園生活の雰囲気をそのまま持ち込んでいたホーナス・ワグナー（パイレーツ）、フランス系のロマンチックムードのナポレオン・ラジョワ（インディアンズ）、強打の人サム・クロフォード（タイガース）、先住民族のスターで万能オリンピック選手のジム・ソープ（ジャイアンツ）、相手の守っていないところに打球を飛ばすウィリー・キーラー（ヤンキース）等々。

これらのスター選手と比べて見ても、やはり、タイ・カッブは一味も、二味も違ったプレイヤーだった印象がある。ベーブ・ルースがバッティングを真似たのが「靴なし」ジョー・ジャクソンだったことは前に述べたが、ほかにもう1人、ベーブ・ルースもタイ・カッブもお手本にしたという人がいる。ウィリー・キーラーだ。

ウィリー・キーラーといえば、かのイチロー選手が２００８年に連続8年２００本安打を記録した時に、「キーラー以来」として名前の出た選手だ。19年の大リーグ生活で、通算・３４１の打率は、彼がただ者ではなかったことを証明する。１８９４年から１９０１年までの間は毎年２００以上のヒットを打った。44試合連続安打という記録もあり、１９４１年にジョー・ディマジオの56試合に抜かれるまでの最長記録だった。

抜群のバットコントロールで、ちょこんと内野を抜く。そんな非力な打者から何をタイ・カッブは学んでいたのかといえば、それはまさにキーラー独特の哲学である「相手の守っていないところに打つ極意」だったという。

ただし、単打主義に凝り固まったタイ・カッブの時代ならそれは理解できるとして、ホームランを特徴とするベーブ・ルースもまたキーラーを打撃の師として崇め、その哲学から学んでいたといわれるのは、どういう意味なのか。

「誰も守っていないところに打球を運ぶ」ということを、「内野手の間を抜くゴロを打つ」という意味に解せばタイ・カッブのようになり、「外野フェンスの向こうに打球を飛ばす」という意味にとれば、ベーブのようにホームランということにならねばならないのであった。そう、そんな「無人の境」へのバッティングが、今度はベーブの打撃哲学となり、ファンの関心を奪う時代に向かうのだ。

野球界のヒーローを投手から打者へと転換させたタイ・カッブも、いつまでも球界のドンを続けるわけにはいかなくなった。同じ打撃でも、守備陣の間を抜くかどうかより、もっと豪快に「誰も守っていないところに打球を運ぶ」方法があることをベーブ・ルースが身をもって示し始めたからだ。

――「新時代のベースボールとは、ホームランを中心としたものだ」

――「タイ・カッブの野球はもう古い」

そんな声が野球の急激な変化を証明していた。

ベーブ・ルースが運んできた変化を明確にするためにも、先代ヒーローたちの中でもその雄とされたタイ・カッブについて、その人物像をまとめて整理しておきたい。

タイ・カッブという野球人

ベーブ・ルースと何かにつけて対立したタイ・カッブとは、普通の野球人とは違った人格の人だった。普通の選手の場合、どんなに巨大なスターになっても、どこかに純真な野球少年の雰囲気を残しているものだが、彼は違った。いつも競争心、敵対心を前面に出した闘士だった。

厳格な教育者で、校長から市長、上院議員にもなった父の下で、1886年、ジョージア州バンクス郡ナローズで生まれた。父は3人の子供たちの長男タイラス（略称タイ）には弁護士か医師になるよう奨励したが、本人は勉強そっちのけで野球に打ち込んだ。

大リーガーとしての記録でも、超一流を貫きながら、「野球の歴史上、最も卑劣な男」（The meanest man in baseball history）と呼ばれる性格は、どこからきていたのか。その性格の激しさは、父親との葛藤によるものとされるのが普通だ。家庭で受けた厳しい教育のせいだったというのだ。いつも子供たちには厳しく当たる父。自分を突き放して見ていた父親に、自分を認めさせようとしているうちにそうなったのだとされる。

彼がプロ野球に入った時、父は彼に対して「負け犬になって帰ってくることは許さんぞ」といったとか。誰にも負けないことが、執念となって彼にとりついてしまったのだ。この父を母がショットガンで撃ち殺す（事故を装ってはいたが）という一件が起きて、家庭の不幸はさらに増した。

入団早々から、彼がタイガースの先輩選手たちからイジメを受けたということも、彼の性格をさらに歪めていたかもしれない。それらすべてをはね除けるための努力が、野球場での活躍となって表れていたともいえるのだ。のちに大成したあとも、彼を野次った観客に対し、スタンドまで登っていって殴りつけた激情とも無縁ではない。

1904年、17歳で野球を仕事とすることを決め、まずはセミプロ。翌05年にデトロイト・タイガースに入って22シーズン、さらにフィラデルフィア・アスレチックスでの2シーズンで通算24シーズンを送った。外野手としての守備力も一流だった。盗塁が得意で、当時、彼ほど大胆かつ狡猾にベースを盗める者はいなかった。フックスライドがお手のもので、それは彼によって完成されたとするのが定説だ。当時はまだ「デッド・ボール」（飛ばない重いボールのこと。死球ではない）が使用されていた時代で、それを打ちこなすには、しっかりとしたダウンスウィングで積極的に打って出るしかなかったともいわれる。

タイガース入団2年目から最終年まで23年連続して打率・310以上を打った。特に輝かしいのは、・419、・409、・401と打率4割を3度も記録していることだ。最高の年は1911年で、ホームラン以外の打撃部門のすべてを独占した。ホームランは通算しても118本である。しかし、1909年には9本でホームラン王にもなっていた。

攻撃的な性格で、「野球の歴史上、最も卑劣な男」とまで呼ばれたタイ・カップ

加えて盗塁王になること6回。得点王が5回、打点王と三塁打第一位が各4回。200本以上の安打を放ったシーズンが9回、1915年の96盗塁も見逃せない。足の速さに加えて、「恐怖の走者」と呼ばれていたほどの走塁の危険性によるものだった。スパイクの爪をいつもヤスリで研いでいて、それを野手に向けて滑り込む。彼が単なるヒットを二塁打にしたといわれるのも、そのせいであった。揉めごとになると、彼は余計に力を発揮した。

ヒーローの交代へ

この球界1の大スターとベーブ・ルースとが、人気において入れ代わったのがこの時期だったが、その兆候は1918年の5月末にはすでに始まっていたといえるかもしれない。

ちょうどベーブがあのパンデミックから回復し、6月1日からデトロイト・タイガースとの4連戦を戦った時だ。医師からは、ゆっくりと静養するようにといわれていたのだが、彼自身にはその気はなかった。チームが勝ち運に乗ってきた時であることも知っていた。彼は1日も早くチームに合流することを求めた。監督のエド・バーローも、それに同意した。

デトロイト・タイガースのホームグラウンドは、球団オーナーの名をとった「ネイブン・フィールド」。開場したのが1912年の4月20日だったというから、ボストンのフェンウェイ・パークと同じ日である。鋼鉄とコンクリートでできた新しい球場でありながら、「デッド・ボール時代の本陣」とも称せられたとのことだから、そこで展開されたベースボールも、あくまでも旧式だったのだ。その中心がタイ・カッブだった。

彼らの球場は、カッブの攻撃法をより効果的にするように整備されていた。芝の長さ、土の状態、特に内野のライン沿いの部分には、格別の手入れがあった。すべて、タイ・カッブ本人からの希望にそって、グラウンドキーパーたちが細心の工夫をして整備したものだ。本塁プレートの前方の部分には、水分が余分に含まされていた。

タイ・カッブはよくセーフティバントをした。足が速いから当然だ。バントをとりにきた野手は、柔らかい土壌に、よく足元の安定を奪われたという。その水分過多の一帯には、「タイ・カッブ湖」という名称までつけられていたというから、相当なものだ。彼の4189安打の中には、その湖の特質を利用して奪ったものがかなりあるというのは定説だ。

ただ、いうまでもないことだが、それはベーブ・ルースにはまったく関係のないことだった。彼は「タイ・カッブ湖」なんてまったく無意味だった。彼にバントヒットを期待する者なんていない。オーバーフェンスに打球を飛ばすことがベーブの目指すところであり、ファンの期待も同じだった。タイガースの球場のグラウンドキーパーたちの苦心も、タイ・カッブの策略も、彼にはほとんど何の作用も与えないことは明らかだった。

6月2日の第2戦に出場したベーブは、投手としては球速にもコントロールにも精彩を欠いていたが、さすがに打者としては容赦がない。6回、チームが0対4と劣勢にあった時、彼はセンターオーバーにホームラン。それは球場開設以来の最長打だったから、皆が仰天した。

そして、次の日にも、同じセンターオーバーに、またもやホームラン。驚くのはまだ早い。その次の日にもホームランを打ったら、さる新聞記者は「これは球史で二度目の快挙」と書くのだが、翌日のインディアンズ戦でもまた本塁打して、4日間に4ホーマーとしたのだ。

これを見て、時代の変化とヒーローの交代を痛感しない人がいたとしたら、それはもう無神経の人といってよかったろう。

苦心の積み重ねから、別格の効率へ

ベーブ・ルースはスターダムにのし上がった。彼は常にフェンスの向こうを意識してバットを振る。そんな彼と対等に勝負することを捨てて、敬遠のフォアボールで逃げる投手が続出した。

「野球はアメリカの宗教だ」といわれるが、野球界におけるヒーローの座が、タイ・カッブからベーブ・ルースへと移っていくファンの「改宗」ぶりは劇的だ。

タイ・カッブが具現していたのは、清教徒たちが伝えていた古き労働規範で、コツコツと努力すること、生産性を高めるために考え、工夫し、計算し、精進を積み重ねるというものだった。野球でいうなら、相手投手のことを考え、策を工夫し、ヒットで出て盗塁し、次の内野ゴロによってでも本塁を突こうということ。そのためには足を鍛え、滑り込みの法に卓越することが必要だった。肝心なのは判断の速さ、決断と実行力、計算の速さだった。

その場の状況に素早く適応して、優越性を確保すること――となると、それはいわゆる「ソーシャル・ダーウィニズム」(社会ダーウィン主義)だといった人もいる。たしかにそうした精進の上に立っての通算打率・366、試合数3034、打数1万1440、得点2245、安打4189、二塁打724、三塁打295、本塁打117、打点1944、盗塁897であった。

それはそれで立派なものだ。しかし、ファンの心はいつまでも同じベースボールを求めてはいなかった。

本能のままにプレイし、旧来の常識を超越したベーブ

一方のベーブ・ルースはまったく違っていた。

彼はタイ・カッブのように小さな工夫を重ねて苦労して生産性を上げようというのではなく、ただ本能のままに飲み、食べ、遊び、バットを振って得点を挙げたのであった。ホームランを打つのには、時間はほとんど掛からなかった。が、それ以外のことには多くの時間が消費されている。よく飲み、よく食べ、よく遊ぶのである。つまり、大量の消費を背景に、効率のいい得点を重ねていたのだ。

自分とは違うこうした特徴を持つベーブの存在を、タイ・カッブは徹底して無視しようとし、無視できなくなると、けなし続けた。彼のいい分では、ベースボールはチームスポーツなのであって、メンバーとの協力関係による得点が意味を持つというのだ。得点は、ちょうど綱引き競技の場合と同様に、チーム皆の協力で手にするもの。汗をかき、力を合わせてやっと勝利へと前進するのだ。ベーブのように、1人がポコンと打球を遠くへ飛ばして、ゆっくりと歩くように回って得点とすべきものではない——と、タイ・カッブは主張する。彼はベーブへの嫌悪を遠慮なく表明し、ベーブの先祖には黒人の血を持つ者がいたという噂をさらに広めてあざけり続けた。

この両者による転換、つまり、努力による積み重ねの生産から、大量消費を楽しみつつ効率的に成果を得ることへの変化というのは、いかにもドラマチックで、大衆にはわかりやすい変革だった。

もちろん、ベーブ・ルースの場合には「ボロから富へ」のアメリカンドリームの具現が見られるの

だが、野球に関する限り、身を磨り潰した結果としての成功という感はない。タイ・カッブと比較して、ベーブはほとんど努力なしに成功したとさえ見えるほどだ。むしろ、ベーブ・ルースは、自分を殺しつつコツコツと努力する価値観に対して、挑戦する姿勢をすら見せているのだ。

ボルティモアのセントメリー校での生活では、個人的な消費ということはまったくなかった。厳しい団体生活で、消費の自由を味わうことなんか一切なかった。それが社会に出て、「大きくなり過ぎた子供」と呼ばれるようになった時、初めて自分の思うままに消費ができることに彼自身が歓喜していたのは、その反動だったのだろうか。

ヒーローの言動はすぐに社会を照射する。時代はタイ・カッブ的なところから、ベーブによる消費社会へと向かっていったのも当然だった。

もはや、レッドソックスが勝つかどうかが話題ではなくなった。ファンの関心事は、「今日レッドソックスは勝ったのか」のではなく、「ベーブは今日ホームランを打ったのか、どうか」となった。

組織を凌駕する個の力の象徴

ベーブ・ルースが実際にタイ・カッブなどとはまったく違う個性でスターダムに立つことになったのは、1919年に29本のホームランを打ってからだが、時代の転換の兆候はすでに前年からあったといっておきたい。

そんなベーブのバッティング・フォームとは、どうだったのか。

打席にあっては、無理のない姿勢で直立する。自身が述べているように、両足はあまり開かずに、むしろ狭められた形で立っている。投手を見つめる目には力があり、落ちついている。「投手が手にしているボールの文字を、読もうとしているようだ」と評した人もいるほどだ。ところが、投手が一度投球態勢に入るや、ベーブの両足は投手に向けて巨大なストライドを見せて開かれ、力がみなぎる。そして全身の力がバットに込められて、スウィングされるから、誰もがその音を聞いた気になる。打球が飛ぼうが、空振りになろうが、観衆から大きな声が発せられるのはそのためだ。「並の打者が三塁打を打った時より、ベーブが空振りした時の方に、ファンは感激した」ともいわれた。もしも当たっていれば、ボールはどこまで飛んだろうか――との想像に心は飛ぶのだ。

しかも、彼はいつもそんなスウィングを見せ、ホームランを狙うのだから、ファンにはたまらない。

タイ・カッブの打法とは逆に、ベーブはバットを最大限長く持って強振した。そのために、手元の先端には、しっかりと突出した「グリップ」と呼ばれる部分が必要だった。タイ・カッブの時代には、特に「グリップ」はなかった。バットを握っている手元の部分から先端に向かって、多少は太くなっていれば十分だった。バットを強振することはなかったからだ。

ベーブが打球を最大限遠くへ飛ばそうとして強振する時、ファンの心もそれに合わせて飛んでいたのだ。

９人の野手が組織をなして守っている世界を下に見て、ホームランは治外法権の領域へと飛んでいく。もう誰も、何も、手出しはできない。氏素性、身分、肩書、家柄、経歴、人種、信教、信条のすべてを超えて、それは飛ぶ。ちょうど時代が、わけのわかりにくい全体主義に向かっていきつつあった時だから、余計にそれは多くの人の心をつかんのだかもしれない。

企業体という組織の中で、個人としての自分が失われていく予感におののいた人もいただろう。小さな組織も、より大きな組織に組み入れられる現実を見る時、人は個としての自分がどれだけ独自の特質を発揮できるかに悩む。そうした人々の心に、ホームランは直接響くものがあったはずだ。

ベーブの出現は、野球というゲームも社会も、一変させたというのは事実だろう。それがいよいよ明白になるのは、ニューヨーク・ヤンキースに移籍してからの1920年代になる。詳細はのちに章を改めて、多岐にわたる現象を以って説明することにする。ずばり、それを端的に表現した言葉があるから、ここではそれを紹介するにとどめたい。

レッドソックスの先輩外野手だったハリー・フーバーの言葉だ。

「時々、私は信じられなくなる。自分が実際に見たことなのにね。わずか19歳のガキがだよ。それも粗野で、ほとんど教育も受けなかった奴がだ、アメリカ文明の一つのベースボールでさん然と輝き、次第に社会のアイドルとなり、成功の象徴にさえなっていったことをだ」（"Babe Ruth At 100"）

評論家Ｆ・Ｃ・レインによると、こうだ。

「ベーブは凄いペースでホームランを打ったから、皆の想像力に火をつけてしまったのだ。彼は自分でホームランを放ってスターダムにのし上がっただけではなかった。ほかの選手にもそう向かわせた。

ホームラン熱に皆がうなされたのはそのためだ。球団の監督には、自分の立場を保ちたいという気質がいつもある。だから選手たちの志向するところを進めようとするんだよ。（中略）

ベーブはそれ以前の記録を叩き潰しただけではなかった。長い間受け入れられていたバッティングのシステムそのものをぶっ壊したのだ。そしてその廃墟の上に、彼は別のシステム――あるいはシステムのなさ――を打ち立てたのだ。原動力は、ただの剥き出しのパワーだった」

タイ・カッブの後半生

タイ・カッブの後半生についても付記しておきたい。

ベーブにより先に野球選手の給料を大幅に上げさせたのはタイ・カッブだった。１９１４年に誕生の「第三の大リーグ」フェデラル・リーグに移った時には、それまでの年俸９０００ドルを2万ドルへと倍増させ、その流れを作った。しかし、このリーグもただの2年でいき詰まり、彼は旧リーグに戻る。

１９２１年から26年までは、監督と選手の二役を続けたが、野球の戦術には長けていたとはいっても、選手の扱いはうまくはなかった。チーム成績はせいぜいが2位。通算して４７９勝４４４敗。勝率は・５１９にとどまった。

タイガースのあとは、コニー・マック率いるフィラデルフィア・アスレチックスに身を置き、１９２７年と28年のシーズンを打率・３５７、・３２３で過ごし、41歳で引退。

現役を引いたあとの人生は悲惨なものだった。野球ができなくなったあとの人生など、彼には何の意味もなかったからだ。結婚は二度したが、二度とも離婚に終わった。近代野球のプレイヤーたちのことには極めて批判的で、野球そのものの変化にも我慢がならず、ことごとに文句をつけた。晩年はガンとの戦いを続け、淋しさを紛らわせるのに薬物とアルコールに頼った。

1936年、野球殿堂入りの第1回投票が行われた時、最大票（222）を得たのがタイ・カッブだった。しかし、ベーブと同席するのを嫌って、写真撮影には入らなかった。

栄えある第1回投票で野球殿堂入りの記念撮影。カッブの姿はそこにない

ジョージ・シスラーのタイ・カッブ評。

「タイ・カッブの偉大さは、見なければわからない。一度でも彼を見た人は、生涯忘れられないだろう」

タイ・カッブ自身の言葉を聞こう。

「1人で生きていかなければならなかったので、いつも野球のことを考えていた。どんなプレイをしようか。どんな風にして相手を出し抜くか。野球は100パーセント、私の人生だった」

彼の葬式には、知人3人がきたのみだったという話が残されている。まさか、とは思うが。

第十章

ベーブ、ヤンキースへ売られる

ヤンキースへの移籍はなぜ

１９１９年の暮れ近くになって、とんでもないニュースがボストンを中心に駆けめぐった。若きベーブ・ルースが売り飛ばされたというのだ。それも、同リーグのライバル球団ニューヨーク・ヤンキースへ！

それまでにも、レッドソックスからヤンキースへと売られていった選手は何人かいた。しかし、シーズンに29本ものホームランを打って、新記録を打ち立てたベーブまで売ってしまうとは、どうしたことなのか。ファンは理解に苦しんだ。

正式発表は１９２０年1月5日の午後だった。譲渡の代価は、現金10万ドルとフェンウェイ・パークの抵当権の30万ドルだったとのこと。

ボストン・レッドソックスといえば、アメリカン・リーグの最古参で、誇りと伝統に溢れた球団だ。新参のヤンキースなんかとは、わけが違う。その名も、最初からいえばアメリカンズ、ピルグリムズ、ピューリタンズ、サマーセッツ等々を経て、やっとレッドソックスで落ちついた。名投手サイ・ヤングを擁して、最初のワールド・シリーズだった１９０３年から、１９１２年と勝ち、ベーブ・ルースが入団して、15年、16年、18年と制覇した。一方のヤンキースは、ただの1回だって、ワールド・シリーズ優勝の栄光を見てはいないのだ。球団の格差は、両者の間に歴然としていた。

それがどうして、そんなことになるのか。

"It matters not how long you live, but how well"—Publius Syrus

Cardinal Mercier's Own Story On Page 8

The Boston Post

THE GREAT Breakfast Table Paper OF NEW ENGLAND

TWENTY-TWO PAGES—TWO CENTS　TUESDAY, JANUARY 6, 1920　TWENTY-TWO PAGES—TWO CENTS

REDS WILL BATTLE TO STAY HERE

Many Have Retained Counsel to Fight Deportation

PRISONERS TO GET SPEEDY HEARINGS

City Appropriates $15,000 to Stay Radicals

RAID ON "REDS" IS RESUMED IN GOTHAM

WOMAN SAVED FROM DEATH

"WETS" LOSE, BUT TO START NEW BATTLE

Supreme Court, 5 to 4 Against 2.75 War-Time Beer—New Fight to Be Under the Constitutional Amendment

NATIONAL WATER WAGON

THE WAGON'S LATEST RECRUIT.

COOLIDGE NOT TO SEEK PRESIDENCY

Says Office Must Seek the Man—Runs Strong in Poll of the Roosevelt Club

PLANS FLIGHT

BABE RUTH SOLD TO THE YANKEES

Frazee Disposes of Mighty Slugger for Cash—Price Is Said to Be $125,000—Greatest Sum Ever Paid for a Baseball Player in the Game's History

GALLI-CURCI WINS HER DIVORCE SUIT

Case Goes Practically by Default—Husband Withdraws Spicy Answer to Suit

HUSBAND NOT IN COURT

MORE SHOTS IN PHOENIX PARK

WILSON WILL

Ruth Termed a Handicap and Not an Asset by the Red Sox President

Purchase Price Is Pledged to Secure New Stars for the Boston Club

HUGGINS ANNOUNCES THAT RUTH HAS SIGNED

TEACHERS' PAY RAISE IN EFFECT

Three-Fourths of the Force Get $384 Increase

地元ボストン・ポストの1面に、太字の大見出しで打たれた「ルース、ヤンキースへ売却さる」の文字レッドソックスに、彼を失っても守らねばならない何があったというのか。それは一体、何なのか。野球の歴史に関する書物で、この一件に触れないものはないが、大抵は、その理由をレッドソックスのオーナー、ハリー・フレイジーが金に困っていたからだとする。ただし、中には、金が理由だったのではなく、彼らはチーム内でのベーブの取り扱いに苦慮して見放したのだとするのもある。ベーブはわがままを通す、規則は破る、年俸の引き上げを毎年要求する——そんな男をチームに置いていては、とても手に負えない。全体の管理に困ったのだというわけだ。

ハリー・フレイジーが金に困っていたのは事実で、ニューヨーク興行界のブロードウェイ・ミージカルに手を出していたのが、失敗して大赤字だった。『ノー、ノー、ナネット』という作品に賭けて打って出たが、かえって穴を大きくして、もはや彼はどうにもならないところまできていたのは間違いなかった。

その苦境から脱するために、フレイジーはレッドソックスの選手を次々に売り始めていたのだが、少々のことではうまくはいかない。さらにベーブ・ルースを売れば、必要な金額を超えてお釣りが出るだろうとは思ったが、その分を相手球団の選手たちでもらおうにも、ヤンキースに欲しい選手はいない。結局は、すべてを金銭でもらうという話になったというのが真相らしい。

やっと彼は赤字を解消させたが、このベーブの売却こそ、いまだに「野球界最悪の移籍」と称されるものだ。

ベーブ・ルースを手放したツケ

それ以後の75年にわたって、レッドソックスは苦汁を飲み続けることになるのだ。

一方のヤンキースは、ペナントレースを制すること33回。ワールド・シリーズに22回も優勝した。その間、レッドソックスはというと、ワールド・シリーズ制覇はゼロ。ペナントレースに4回勝ったのがせいぜいだった。

ベーブ・ルース在籍の時期だけに限ってみても、ヤンキースはペナントレースで7回、ワールド・シリーズで4回の優勝を飾っている。

それらの制覇は、レッドソックスからヤンキースへと移籍した選手たちの活躍によるもので、「ヤンキース王朝の3/4は、レッドソックスによって築かれた」という言葉さえ生まれたほどだった。「ハリー・フレイジーはベーブ・ルースを売ったのではない。レッドソックスを売ったのだ」ともいわれる。

フレイジーはヤンキースから受けた金で沈没から逃れ、何とか水面上に浮かび上がったが、レッドソックスそのものが、代わりに沈んでいった。それが再び浮かび上がったのは、2004年にやっとワールド・チャンピオンに返り咲きした時だった。

ただ、この移籍は、ベーブにとってはいい結果に結びついた。以前から二刀流よりバットマンで生きることを願っていた彼に、その道が開けたからであり、希望していた年俸をヤンキースが払ってくれることになったからでもある。この幸運の波に乗って、彼は打ち続けるのだ。

それはそれでよしとして、私にはいまだに納得できないことがある。

それは、レッドソックスのオーナー、ハリー・フレイジーにしても、監督のエド・バーローにしても、どうしてベーブ・ルースとうまく折り合いをつけることができなかったのかだ。一時的にうまくいった時もなくはなかったものの、長続きはしていない。本質的に、彼らはベーブ・ルースとは折り合えなかった。

ベーブがレッドソックスにいた間に、彼らは三度のワールド・シリーズ制覇を果たしているのだから、ベーブの実力も集客力も十分に理解していただろう。感謝はしながらも、結局、ハリー・フレイジーとベーブ・ルースが別々になったのは、何が原因だったのかだ（監督のエド・バーローはのちにヤンキースのGMになる）。

それは、ハリー・フレイジーがベーブ・ルースを手放す時に、マスコミを集めた場で高笑いと共にいった言葉の中に読み取れる気がする。

「ニューヨーク・ヤンキースの皆さんは、巨大な厄介者を背負い込みました。人のいうことを聞かない、しつけのまったくされていない大きなガキ坊主だ。これを抱え込んでしまっては、大きなリスクとなります」

これを聞くと、レッドソックスがベーブを手放したのは、借金のためではなく、ベーブの取り扱いの難しさのためだったとする意見に傾きたくなる。あるいは、その両方だったというのか。これがいまだに私にはわからない。

アメリカ野球学会（SABR）の機関誌“The Baseball Research Journal”の２００８年版には、ハリー・フレイジーという男は大西洋単独無着陸横断飛行で英雄になったチャールス・リンドバーグや、国民車フォードT型の開発者のヘンリー・フォードとも深いつき合いのある人だったことを証言する記事がある。たしかにリンドバーグは、あの快挙のあとアメリカへきた時には、このハリー・フレイジーの家をホテル代わりにして寝食していたのであった。それほどに時代の寵児とのつき合いを重視する彼が、スポーツ界のスーパースターであったベーブ・ルースとはうまく組み合えなかったというのも、私には不思議だ。彼には、どこか商売を度外視したところで、ベーブ・ルースの無教養で不作法な生き方を許せないと思っていたのだとしか考えられない。

ヤンキース側にも悩みが

ところで、一方のヤンキース側のことを思えば、彼らにもあれだけの大金を出したのだから、ベーブ・ルースを採るべきよほど強い理由があったと見なければならない。

少し調べればわかることだが、ヤンキースのオーナー、ジェイコブ・ルパートにも、一つの悩みがあった。その悩みを解消させるためにも、どうしてもベーブ・ルースを獲得しなければならなかった

ルース夫妻と談笑するヤンキースのオーナー、ジェイコブ・ルパート(右)

のだともいえる。

彼の悩みの種とは、ズバリ、禁酒法であった。

先のビリー・サンデーの話にも出たとおり、時はまさに「禁酒」に向かって驀進していた。ジェイコブ・ルパートの悩みというのは、実家がビールを醸造していたことに生じていた。もともとがドイツ系の有産階級の出で、実家が造る「ニッカボッカー・ビール」は、ニューヨークの代表的なビールになっていた。しかし、ビールも禁酒法の対象となってはたまらない。家業が一気に傾くのを彼は恐れた。

彼はこう反論した。「ビールなんて、誰もが普段から飲むもので、酒類と呼ぶべきものではない。ただの食用飲料に過ぎない」

しかし、この理屈はまったく通じなかっ

た。法律がいうところの「人を酔わせる液体」とは、「0・5パーセント以上のアルコール分を含むすべての飲料」とされていては、打つ手はなかった。彼は悩みに悩む。家業が傾いては、球団経営どころではなくなるのだ。

彼にいわせれば、どうして禁酒法なるものが必要なのか、わけがわからないのだ。

この時期のアメリカにおいて、急に禁酒法なるものが誕生したのがなぜかについては、有賀貞著の『アメリカ』（山川出版社）に、簡潔な説明がある。

「（工業発展期の）アメリカの事業家は、移民の大量移入により労働力に不自由しなかったが、移民労働者は能率的な働き手ではなかった。ヨーロッパの農村から出てきた人たちは、まったく異なった環境の中ですぐに能率的に働けるわけはなかった。アメリカで節酒・禁煙運動が発達したのは、移民労働者が憂さ晴らしのために深酒をして翌日は仕事を休むのをやめさせて、彼らを規律ある労働者にするためであった」

アメリカは建国の最初は清教徒たちが開いたところであって、古くから飲酒を悪習と見る人が多かった。酒は犯罪、暴力、貧困、売春、精神病につながり健康に有害なものとされた歴史があった。

ハーバート・フーバー大統領はそれに沿って「高貴なる実験」と称して禁酒法への道を強く進めたのだ。

これに対し、ジェイコブ・ルパートが考え出した対抗策というのがベーブ・ルースだったというわけだ。彼をヤンキースに迎えることに尽きた。プロ球団の魅力は、スーパースターがいることが先決だった。球場の立地なども重要な条件だが、スーパースターの存在はそれに勝る。それさえあれば、立地のことは二の次になる。

彼らがボストンにいるベーブ・ルースの獲得に、積極的に乗り出したのは、そうしたせっぱ詰まった事情があったのだ。

ベーブをとりさえすれば

ルパートにはある確信があった。ベーブをとりさえすればいいのだということ。彼はプレイ中のベーブ・ルースを見たことがあった。その人気のほどもよくわかっていた。ルパートは当時の監督のミラー・ハギンズにも聞いたらしい。「ヤンキースがペナントレースを制するのには、何が必要なのか」と。

答えは、一つだった。「ベーブをとってくれればいいのだ」

このことで、彼はベーブにすべてを賭ける決心をしたという。

1920年1月6日の『ニューヨーク・タイムズ』紙に、次の記事が出た。

「野球界のスーパースターであるレッドソックスのベーブ・ルース選手が、昨日、史上最高の金額でヤンキースに移籍した。（略）ルース選手は昨シーズンに大センセーションを巻き起こし、野球界の大御所タイ・カッブが持つ集客力を補強する力を示した。そのベーブを獲得したということは、テン・ストライク（10本のピンをすべて倒す大成功）であって、来シーズンにはマンハッタンの野球ファンの熱い注目を浴びることになるだろう。

ルースの打法は、ゴルファーのそれと同じだ。彼はゆっくりと体をひねり、ボールから決して目を離すことなく打ち抜く。彼が打席に立って構えるのを見ただけで、投手たちはきっと怖じ気づく。足元の構えも完璧。足の運びを投球からそらせることはない。踏み出す足はいつも一方。体重は左足にある。前足は、膝のところで少し曲げられ、顔は投手に向かう。ねじりのため胸や横腹は消える。投手の投球動作が始まると、ベーブの背中半分が投手に向けられる。そのままねじりは止まるまで続くが、一瞬たりとも目は投手の手元から離れることはない。

球が直接体の前にきた時に、彼のスウィングの最大の力がそこに発揮され、打球はこれまで見たことのなかった距離へと飛んでいく」

この打法で以って、彼はヤンキースでの初年度に、打率・３７６、打点１３７、得点１５８を記録した。そしてホームランは54本にまで上るのだ。

ルパートの勘が当たって、ベーブが「激動の20年代」を「ホームラン熱狂時代」としてスタートさせた時の結果は、ヤンキースのホーム・ゲームでの観客数に明らかだった。

1919年　61万9164人
1920年　128万9422人

倍増だった。野球が100万以上の観客を集めることができたのも、ヤンキースが最初だった

ベーブを狙ったわけ

ベーブ・ルースの移籍はとても大きな話題だったから、それに付随した裏話も多い。主なところでその一つを挙げれば、ヤンキースが最初に移籍させようと画策した目標はベーブ・ルースではなかったというもの。それは「安打製造機」の異名のあるジョージ・シスラー（当時セントルイス・ブラウンズ）だったという。2004年、あのイチロー選手が262本の安打を記録した時、1920年のシスラーの記録を5本超えたとして評判になったその人だ。ヤンキースがこのジョージ・シスラーに目をつけていたのは当然で、彼は安打数、二塁打数、三塁打数、盗塁数のすべてに、ベーブ・ルースを上回っていた。つまり、ベーブが彼を超えていたのは、ホームラン数だけだった。

しかし、ニューヨーク・ヤンキースをして、一度はシスラーに決まっていた新戦力採用の対象を、ベーブ・ルースに変えさせたのは、やはり、ベーブの大衆掌握力、つまり人気の高さだった。ヤンキースのオーナー、ジェイコブ・ルパートの心を動かしたのは、それだった。

彼のその勘は見事に当たった。仮に彼らがジョージ・シスラーを獲得していたとして、どれほどの

安打の上乗せがあったとしても、大衆の人気獲得にはさほどは発展しなかったろう。その点、ベーブなら、途方もない進展が期待できたし、ファンの心に訴える魅力があると判断したのが奏功したわけだ。

一方、ベーブを送り出したボストン・レッドソックスのハリー・フレイジーだが、ヤンキースからの金で一息つくことができた。ブロードウェイの興行を立ち直らせ、5年後には大当たりも出す。そんなことなら、あの時ベーブ・ルースを手放したりしなければよかったと臍を噛むことになるが、それはもう時すでに遅しだった。

さて、念願のベーブを獲得して、球団発展へのメドがついたとなると、ヤンキースのジェイコブ・ルパートの心に、長く巣くっていた宿望がめきめきと頭をもたげてきたのではなかったろうか。「自前の球場を持ちたい」というものだった。

彼らは当初からそれを強く願いながら、その可能性にすら近づいていなかった。というのも、ニューヨークではナショナル・リーグのジャイアンツが古くから勢力を張っていて、新米ヤンキースの手出しを拒んでいたからだ。

新参者の苦労

ヤンキースのオーナー、ジェイコブ・ルパートにとっては、それは禁酒法よりももっと厄介な問題だった。

ご存じのとおり、ニューヨークのマンハッタンというのは、狭い島である。古くからあるナショナル・リーグのジャイアンツはそのまた古株で、最初からマンハッタンの主としてここに鎮座していた。そこに、1903年、新設大リーグのアメリカン・リーグの球団としてわざわざ地元のチームではない初代オリオールズをボルティモアからニューヨークに引きずり込んできて、ヤンキースは始まったのだから、両者の間に何かと悶着が起きたのは仕方なかった。この狭いマンハッタン島を舞台として展開されることになった両者の暗闘は、これまたアメリカ野球史に特異な位置を占める重要な一件となる。

地元に球場を持たないヤンキースは、一体、どうしていたのかといえば、ほかでもないナショナル・リーグのジャイアンツのポロ・グラウンズを借りてゲームを行っていたのだ。

日本の甲子園球場もお手本にしたというその球場は、野球のほか陸上競技もでき、フットボール場としても使える巨大な運動場だった。ポロ・グラウンズといって複数形なのは、そのためだ。

もしも、ジャイアンツ側から球場の使用を断られると、ヤンキースはプレイする場を失うのだった。ヤンキース球団が球場を建設するまではベーブ獲得の努力を隠そうとしていたのは、その計画がジャイアンツ側に漏れて怒らせてしまうと、すべてが台無しになってしまうからだった。かくて、ヤンキースの球場建設の計画は、慎重の上にも慎重に進める必要があった。

はっきりしていたのは、ファンはベーブについてきているのだから、場所さえ見つかれば、球場を建てて経営は安定するということ。彼らは血眼になって、マンハッタンでの敷地を探し回る。

本拠地球場を持っていなかったヤンキースは、ナ・リーグの古豪ジャイアンツのポロ・グラウンズを間借りするしかないという弱い立場だった

しかし、ジャイアンツ支持派は、そう簡単には他球団に球場建設の土地を売らせない鉄壁の防御を敷いていた。古くジャガイモ飢饉を逃れてアメリカに移住してきたアイルランド系の人たちが中心になって作られたジャイアンツ球団の結束は、とても固いものだった。土地をヤンキース側に売らせないどころか、貸しさえさせないことを決めていた。

もともと、ジャイアンツ支持派（タマニー派と呼ばれる）の政治力は絶大だった。それを使って、彼らは球場建設にふさわしい土地のすべてを、すでに押さえていたし、アメリカン・リーグの球場がマンハッタンに建設されるのを阻止するために、あらゆる知恵を絞った。相手のどんな動きに対応しても、ねずみ1匹入れないことを誓って、南から北へ、それもブロック毎に検討するといった徹底ぶりだった。

それでも、それをかい潜って、ヤンキース側はあきらめずに土地を探し回る。

そもそも1903年に移転してきた時、彼らはマンハッタンの165番通りから168番通りまでのところの、一見、とても野球場にはできそうもない高台の土地を借用して、曲がりなりにも球場は建てた。高台ということから球場名を「ヒルトップ」と決め、球団名も高地人「ハイランダーズ」とした。今では「ヤンキース」を名乗る彼らも、当時の名はそれだった。

彼らが建てたその球場は、観客が1万5000人もくれば、もう一杯。大試合だと、どうしてもジャイアンツのポロ・グラウンズを借用しなければならなかった。ヤンキースを、いくら人気球団にしようとしたって、これでは球場が不十分。それは彼らの意地とマンハッタンへの執着の強さとを示すも

高台の土地に本拠地、ヒルトップ・パークを建てたヤンキースだったが、土地は借地。10年だけの〝我が家〟であった

のではあったが、土地の借用期限が切れるまでのわずか10年だけのことで、その後はずっとポロ・グラウンズの間借り生活を続けていた。

自前の使用球場を持つ大家の球団と、それを借りる借用人球団とでは、立場がちがう。とても、対等とはいかず、ヤンキースとしては、早く一人前のプロらしく、自前の球場を持てる球団に成長したいという悲願を、さらに持ち続けたわけだ。

ワールド・シリーズへ、球場建築へ

意地からでもあろうか、この時期のジャイアンツは猛烈に強く、ナショナル・リーグ4連覇という偉業の初年を、1921年にスタートさせた。

しかし、ヤンキースも負けてはいない。この年、初めてワールド・シリーズの出場権を得て、ジャイアンツとぶつかったのだから、ファンの熱狂は最高点に達した。両軍共にホームグラウンドとしているのが同じポロ・グラウンズ。そこでの9戦方式だったからたまらない（ワールド・シリーズが7戦方式に戻るのは、この翌年から）。

結局このシリーズはジャイアンツが苦戦の末にものにするのであるが、新時代の息吹は、第4戦の9回に出たベーブのホームランで起きていた。

ベーブがヤンキースで活躍を始めると、それまで伝統を誇っていたジャイアンツのジョン・マグロウ監督のいらだちといったらなかった。後発のヤンキースの方が、先輩ジャイアンツより多くのファンを集めていたからだ。その差、35万人。しかもヤンキースは、借用したジャイアンツの球場でそれを果たしているのだ。

ジャイアンツ監督のマグロウは、自軍のオーナーだったチャールズ・ストーンハムに、こう噛みついたという。

「ヤンキースには自前の球場を建ててもらわねばならぬ。クイーンズ区かどこか、離れたところへいってもらって、のたれ死にでもしてもらわねばならぬ」

たしかに、ベーブ・ルースというお客を呼べるスターを擁しながら、自前の球場がないというのもおかしな話だった。マンハッタンに球場を持つというのは、以前にもジャイアンツからの抵抗に会って苦労したことがある。しかし、そんな過去も、ベーブを迎えたヤンキースにとっては、もはや忘れ去るべきものとなった。プロ野球の命は、球場より選手。スター選手なのだ。ましてや、今はベーブ・ルースというスーパースターがいるのだ。

球団はブロンクスに適当な土地を見い出し、球場の建設に踏み切る。そこはマンハッタンの外とはいえ、わずかにハーレム川で隔てられているのみだ。ジャイアンツのポロ・グラウンズからは地下鉄でただの一駅の距離だった。

1923年4月18日に開場したヤンキースの新球場は、「ヤンキー・スタジアム」と呼ばれるものとなった。それまでの「ベースボールフィールド」でもなく、「ボールパーク」でもなく、「スタジアム」という言葉で呼ばれる球場が出現したのだ。のちに「ベーブが建てた家」と称されることになるものだ。

7万4200人の大観衆が、初日のスタンドを埋めた。これは球場の中に入れた人の数であって、周囲にはチケットの買えなかった人が2万5000人もいたとか。ダフ屋が2名つかまっているが、それはよほど目立っていた者で、実際には多くが密かに売りさばいていた。

対戦相手はライバルのレッドソックス。ベーブが3回に3ランホームランを放って4対1の勝利。それは球場開設初のホームランであり、ゲームを決める貴重な一打であった。

そのスタジアムはこのあと20世紀が終わるまでには25回ものワールド・シリーズの舞台になるところとなり、「ベースボールの本場」のイメージを長く保ち続けるものとなった。ベーブのあとを継いだルー・ゲーリッグ、ジョー・ディマジオ、ミッキー・マントルもベーブの伝統を守ってホームランの華を咲かせ、ヤンキースこそがアメリカ野球の盟主だと令名を轟かせたからである。

たしかにアメリカには、野球以外にも様々なスポーツがあり、それぞれにヒーローが存在した。スーパースターは各種いたのである。しかし、すべてのスポーツをひっくるめてのスターとなると、衆目の一致するところは、ベーブ・ルース以外になかった。ベーブ・ルースは大衆娯楽の王様であって、そのことからも、すべてのスポーツの中でのベースボールの位置を示すものだった。

ここヤンキー・スタジアムを中心に展開された華麗なベースボールは、その後も長く影響を与え続ける。いってみれば、その後の野球界はベーブのその遺産で暮らしていたようなファンに印象をすら与えている。

第十一章

コミッショナーとの確執、少年たちへの思い

ホームランの急増

１９２０年代といえば、「ローリング・トェンティーズ」（激動の20年代）という言葉もあるように、すべてが華やかに舞った時代だった。車の時代が始まり、ラジオの出現もあった。野球界はベーブが54本ものホームランを放って、新時代の到来を謳い上げた。

ヤンキースはベーブを迎えて、年間に１００万以上の観客を集めることができた。それが大リーグ初の記録と聞いては、ナショナル・リーグ所属ジャイアンツのマグロウ監督の怒りは収まらなかった。彼らの球場ができるまではヤンキースにグラウンドを使わせていたのだったが、前述のとおり、持ち主のジャイアンツよりヤンキースの方が観客が多かったからだ。

ベーブの54本というホームラン数も、気に入らない。それがどれほど圧倒的であったかは、彼に続く第2位との差でもわかるだろう。それは、ヤンキースが一時は採用を検討したジョージ・シスラーの19本だった。その年のフィリーズ球団はチーム全体で64本のホームランを放っていたけれど、それを除けば、どの球団も、全体のホームラン合計でもベーブ・ルース1人のホームラン数にかなわないのであった。

大リーグ全体でも、この年にはホームラン数が前年の４４７本から６３１本に激増していた。そして、それは１９３０年には１５６５本へと急上昇するのである。ただし、この時代のホームランの激増をベーブ・ルース1人の力のせいにするのは間違いというものだろう。それを助けた多くの要因があったからだ。

まず第一に挙げられる理由は、ボールの改良だった。大リーグの使用球を製造していたスポルディング社では、それまで使っていたアメリカ産の紡ぎ糸をオーストラリア産のものに代えた。それは良質で強かった。質がよかったことに加えて、これはしっかりと巻くことができた。ボールが固くなったのだ。固く巻かれたボールは、当然ながら、緩く巻かれたボールよりはるかによく飛ぶ。これがいわゆる「飛ぶボール」（ライブリー・ボール）の始まりであった。

ボールのことをいうなら、もう一つ。試合には新しい真っ白のボールをどんどん使用するようになったことも、ホームラン量産の理由になるだろう。この1920年から、汚れたボールを使わなくなったことで、打者には投手からの投球が見やすくなったわけだ。これには、一つの事件が係わっている。

1920年8月16日、クリーブランド・インディアンズのレイ・チャップマン選手が、ヤンキースの下手投げ投手カール・メイズの速球を頭に受けて転倒。29歳にして死亡したのだ。ボールが汚れていて、よくは見えなかったのが原因だった。以来、汚れたボールは使わないようにというとり決めになったのだった。たしかに、アメリカン・リーグでは、それまでたった一つのボールを、よれよれになるまで使っていたのだという。レイ・チャップマンは「死球の犠牲になった最初の男」とされるが、「きれいな白いボールの使用を促進した男」ということもでき、それがホームランブームを生む原因ともなったところから見て、彼は野球熱高揚の陰の貢献者ということにもなる。

イリーガルピッチの禁止

たしかに、それまでは「イリーガルピッチ」つまり、「不正投球」が多かった。ボールにつばをつけて投げるスピットボールなどは可愛いもので、グリースを塗りつけたり、傷を入れたり。中には短い釘をボールの縫い目に爪で押し込むものまであって、微妙な回転の変化をボールに加えていた。これらがすべて禁止になったのだから、打者にはそれだけ有利になったとはいえた。

しかし、実はここにおかしなことがある。それは、不正投球は禁止になったはずなのに、このあとにもまだ何人かは違法の投球を堂々と続けていることだ。それは、一体、なぜなのか。

理由は明白。不正投球が違反なのは、新たに登場した投手たちに対してであって、それまでにすでにそれらを投げていた投手たちには適用されなかったからだ。結局、そうした投手たちが全員大リーグを去った時点で、やっと「イリーガルピッチ」は消滅となった。

しかし、こうしたいくつかの好条件があったとはいっても、それらのみでは、打撃成績が進展するわけはない。ベーブ・ルースの打撃に関していえば、やはり、そこには彼のバッティングの成長があったことに違いなかった。ヤンキース入団初年のこの年はこうだ。

打率　.376
得点　158
打点　135

ホームラン打者といえば、三振か長打かというわけで、打率は悪いのが普通だったが、ベーブの打率は堅実性を帯びて高いものであった。

問題は、彼は常に自分の給料が安いと思っていることであった。彼のように浪費していては、いくらあっても足りないのも当然というべきだった。彼は1919年、20年と、公式戦以外に積極的に旅巡業に出ていた。それによって、本給の倍に届くほどの金を手にしたこともあったようだ。そのことでコミッショナーのランディスと彼は激しく対立することになる。

二人の帝王　本音と建前の象徴

ご存じのとおり「ブラックソックス・スキャンダル」のあと、アメリカ野球界には二人の帝王が並び立っていた。コミッショナーのランディスとホームラン王のベーブ・ルースだ。

この二人は、「本音」と「建前」のように、常に対照的に、背中合わせのまま進むことになる。もちろん、「建前」を守るのは、いつもコミッショナーの方で、ファンが追ったのは、「本音」のベーブ・ルースの方だった。

ベーブ・ルースがその巨体を回してホームランを放つ時、これを体制の中での自由な個人の躍動と見たファンが、大声を上げて彼の名を叫んだ。彼は様々な問題点を抱えながらも、それに押し流されていくというのではない。無茶をしながらも、現実の世界で成功を勝ちとっていく。その活躍は十分に大衆の期待に応えるものだった。人気が出ないわけはなかった。

出自に関する噂も、彼の人生ドラマをより劇的にしていた。お上品な上流階級とは反対の階層から彼は出ていたし、タイ・カッブが主張したように、ベーブには黒人の血が流れているとの噂もあった。特に黒人の間では、これは定説となっていて、その人気の広がりに、むしろ役立っている。本人は、この噂を気にしていたともいわれるが、そのためにベーブが何らかの不利を得たという話は聞かない。

ただし、彼がどんなに多くの人々に幸せを運んでいたかといっても、それだけの彼でなかったことは、いっておかねばならない。その裏の面も同等に大きかった。多くの悪徳と彼が無縁でなかったことは、よく知られるところだ。仮にどんなに彼のことを好意的に書こうとしている本であっても、それらの問題点について、多少は書かねばならないのが常である。

大変な大食漢だったくらいはご愛嬌だが、加えての大酒飲みとなると、ご愛嬌を飛び越えてしまう。女性問題も、しょっちゅう起こしていた。夜な夜な紅灯の巷に姿を消して監督を困らせた話は、いくらでもあった。それは彼に限った話ではなかったが、この場合のベーブの「食欲」も桁外れだ。

金にもだらしがなかった。

１９２０年から21年にかけてキューバへ旅をしたが、この時彼は競馬で３万５０００ドルをすったといわれる。アメリカに帰ってきた時には、キューバで得たはずの金も（１試合１０００ドル）消え去っていて、まったくの文なしだった。同じ頃、彼は自分が主演の映画を作る話に乗って投資し、さらに３万５０００ドルを失ったりもしている。

交通事故も多い。何しろ、無類のスピード狂ときているから、どうしてもそうなる。1920年7月の深夜に引き起こした事故は大きかったが、幸い、彼自身が受けた怪我は軽微だった。

個性喪失の時代への抵抗

こうした様々の不行跡にもかかわらず、彼の人気が上がったのには、やはり時代というものが大きくものをいっていると思う。こうした不行跡は、むしろ、彼の場合は、時代への反逆とも見られ、人気の浮揚に役立っているのだ。

大衆の人気というのは、不思議なものである。欠けるところのないスーパーマンよりも、むしろ、ベーブ・ルースのような欠点だらけの人の方が、理解されやすいということなのかもしれない。いずれにせよ、大衆にとっては、彼ほど身近な崇拝の対象はほかになかった。一般の大衆にとってみれば、こうした未完の男が実社会で見事な成功を勝ちとっている姿が、何より痛快に映ったのだ。

社会全体が、よくわからない近代化に進んでいた。彼の姿はその流れに抵抗する存在として鮮やかに映った。大きな組織の中に個人が組み込まれていく不安は、労働者の誰の心にもあった。彼らにとっては、ベーブ・ルースはそうした社会の変化に抵抗する最後の砦とも映っていたのかもしれない。何しろ、彼は自分の気にそわないことには抵抗し、雇われている当のニューヨーク・ヤンキース自体とも派手に対決したこと、一度や二度ではなかった。

この点、のちに同じヤンキースの4番を打った——というより、マリリン・モンローの夫だったジョー・ディマジオとは、まったく違う。ディマジオは「ニュー・ベーブ・ルース」を標榜しながらも、完全にベーブとは逆の組織人間だった。球団と給料のことでモメたことはあっても、彼はいつも物静か。球団そのものに悪いイメージをもたらすことを避けた。

ベーブ・ルースはその反対で、行動も破天荒なら、球団に対する遠慮もなかった。そんな態度もファンにはたまらない魅力となっていたのだ。それでこそ「本音」のヒーローだった。

いかに子供たちを愛したか

「本音」の話をするなら、彼の子供好きについても書いておかねばならない。

野球界広しといえども、彼ほど子供に尽くしたプレイヤーはいなかったろう。球場入りの前に、小児科の病院を訪れて、闘病中の子たちを励ました話を知らない人はいないだろう。ホームランを約束して、実際にそれを果たしたことなど、どれほど語られたことか。実際、そんな話はいくらでもあるのだ。

ことに、「ブラックソックス・スキャンダル」の一件で世間が騒然となっていた時期に、ベーブ・ルースが見せていた少年たちへの思い、母校への感謝は特筆もので、どうしてもここで書いておかねばならない。

随分前の話だが、ベーブが12年を過ごした学校を訪れた時のことだ。２００４年４月のことだったと思う。彼の生家でもある現在の「ベーブ・ルース記念館」（エモリー通り２１６番地）へは、それまでにもいったことはあったが、学校は知らなかった。先生方の邪魔になってはいけないので、きちんと目的を述べてアポイントメントをとってはいたものの、思いがけずも、事務長のマイケル・フース氏が車で迎えにきて下さったのには恐縮した。

学校で校長先生が最も熱心に語ってくれた話というのが、ベーブと音楽隊のことだった。熱のこもった彼のお話に、頂いた資料の中身を加えてここに記すことにする。

１９１９年４月、セントメリー校が大火事を出した時のことだ。火事の原因はよくはわからなかったというが、全寮制の学校であるため暖房用の設備があり、大きな煙突を備えていて、火はそこから出たらしい。学校全体がそれによって莫大な損害を被った。

しかし、ボルティモアの様々な団体、それにカトリック系の人々からの寄付が約４０００ドル集まった。学校側はそれでブラスバンド部の楽器類とユニフォームを揃えた。学校再建には巨額の費用が要る。それを生徒たちの音楽で集めようというのだった。

もちろん、学校の神父たち、修道士たちも懸命になってくれ、音楽隊は遠くニューヨークのロングアイランドやバージニア州にまで演奏に遠征した。また、７月15日には野球のゲームも主催した。それはセミプロ・チーム同士のゲームだったが、フィラデルフィアから相手を迎えての地元チームとの試合だった。皆が大喜びしたのは、ベーブ・ルースがこの試合のために帰ってきてくれ、投手として

1919年4月、セントメリー校は大火事で焼け落ちてしまった

地元チームで投げてくれたことだった。

最初はそれだけのことで、ベーブもごく軽い気持ちからのことだったと思う。しかし、これが彼の気持ちに火をつけたらしい。12月になっても集まった寄付金は20万ドルには足らず、1920年に入っても予定どおりにはいっていないことを聞いた彼は、一計を案じる。ヤンキースの試合に生徒たちを同行させ、球場前で演奏したりして基金集めをしようというのだった。

この時には、もう彼はヤンキースへと移籍していたのだが、説明すれば、学校はもちろん喜んでくれた。何しろ、目標額は50万ドルなのだ。

学校の夏休みを最大に活用することにした。ギルバート先生やマサイアス先生もきてくれることになった。カトリック系の学校だけに、どこへいっても、宿泊所に困ることはなかった。バスは２台もあれば十分だった。

音楽隊を率いて

音楽隊は9月9日にボルティモアを出発して、長い演奏の旅に出た。いき先は、ヤンキースのゲームがあるクリーブランド、デトロイト、シカゴ、セントルイス、インディアナポリス、ピッツバーグ、ニューヨーク、ボストン、フィラデルフィア、そして最後に故郷のボルティモアである。

音楽隊のメンバーは総勢50名。９歳から17歳までの男子。どの町へいっても、必ず何人かの住人がやってきて、少年たちの手を握った。セントメリー校の卒業生なのだ。彼らは普段は自分がその学校の卒業生であることは口にせずに暮らしていたのだが、ベーブが一緒だと話は違う。日頃は、孤児院のようにいわれたり、更生のための施設のようにいわれたりするのが嫌で、黙っていたのだ。

どこへいっても、音楽隊のいるところは同窓会の様相になったという。隊員は毎日、宿舎を出ると、球場までパレードして行進した。球場へいってからは、スタンドで演奏する日もあり、球場前の時もあった。なお、この音楽隊はこの年の全国大会「生徒数８００人以上の学校の部」でチャンピオンになっているほどだから、たしかに実力はあったのだ。

場所によっては、競馬場の時もあり、夜のコンサートになったこともあった。多くの場合、まるでベーブ・ルースのサイン会のようになったというのもわかる。どの町でも、地元の新聞がニュースとして彼らの訪問を紹介してくれた。大きな街と街の間の移動は、鉄道の寝台車だった。クリーブランドとデトロイトの間は船だった。

この時の旅の様子を見ていると、ベーブ・ルースがいかにセントメリー校を愛していたかがよくわかる。前にも書いたとおり、彼は「ハーバード大学の卒業生が母校を誇りするように、私はセントメリー校を誇りする」といっているのは、本心からだったことは間違いない。

最初の訪問地クリーブランドでは、ゲームは4対10で敗れたが、ベーブは景気づけにとホームランを放った。ヤンキース・ファンからも、インディアンズ・ファンからも多くの寄付を集めている。音楽隊の全員にあげてほしいといって、ピーナッツ袋を50個贈ってくれた先輩もいた。そこからデトロイトまでの旅では、船上の音楽祭となり、ヤンキースの選手全員がベーブによって紹介され、寄付金は急激に増えた。

デトロイトではベーブが49号を放った。そのバットを市長に贈ったところ、奮発した小切手で返礼がきた。

インディアナポリスの陸軍基地では、少年たちの楽団が兵士たちの先頭に立って行進した。フィラデルフィアではボクシングのアリーナで演奏を披露した。同様のことは、ピッツバーグでも、ニューヨークでも、ボストンでも起こり、9月23日になってやっとボルティモアへ帰ってきた。

ベーブと共に旅した総勢50名の音楽隊。この年の全国大会のチャンピオンにもなったという

２５００マイルの旅路と２５００ドルの小切手

９月23日のボルティモアでのツアーの締めくくりは盛大なものとなった。まずはヤンキースと地元球団の新オリオールズとのゲームがあった。

もともとオリオールズといえば、ベーブが学校を出てからすぐに入った球団だった。マイナー級のインターナショナル・リーグに加盟していて、この時はちょうどシーズンの優勝を決めた直後で、人気の一戦となったのだ。

前日の夜にあった打ち合わせ会に「ベーブがきている」と知らされただけで、大衆は押しかけていった。ファンの波に押し潰されそうになって、彼は逃げ回る。追い詰められ、身の危険を感じるまでになった。友人の機転で、靴磨き屋の狭い部屋に隠れて身を守った。警察の手で、やっと彼は難を逃れたが、そうしていなければどうかなっていたかもしれない。

翌日のゲームでは、ベーブは一塁手を務めた。彼が外野手ではなく、内野手にされていたのは、いざという時に逃げやすい出口に近かったからだとされている。観客は5万人だった。午後のゲームに、朝から人は並んでいたとか。スコアは1対0で、地元チームの勝ちだった。その日は夜にも大パーティが軍の新兵訓練所であり、そこでベーブはピッチングを披露し、追加として２５００ドルの小切手も差し出した。２５００という数字は、セントメリー校の音楽隊が旅した総マイルを示すものだった。

彼らの演奏を聞いた人の数は、40万人。集めたお金は2万５４８８ドル88セント。掛かった費用は

1万2101ドル20セントだった。利益は1万3387ドル68セントというわけだが、もちろん、それのみでは学校の再興には届くものではなかったものの、評価はそのことだけでは計れない。全行程を通しての情報の発信、支援獲得の効果は計り知れないものがあった。

ベーブ・ルースが観客に訴える力の大きさも、これでわかった。旅の途中のゲームで彼にホームランを打たれたウォルター・ジョンソンの言葉が残されている。

「ベーブがホームランを放った時、ゲームとしての結末はすでについていたのに、ファンは興奮し熱狂した。スタンドが割れるようだった」

この年に彼が記録したホームランが54本と急増しているのは、音楽隊員の1人ひとりに1本ずつ打ってお礼にしようと約束したのを、彼が守った結果といわれている。

ベーブ、草野球を楽しむ

1921年、ベーブは成績を伸ばし、ホームラン59本、打率・378。打点168、得点177としたが、ここに不思議なことがある。翌22年のシーズンになると、ホームランが35本へと減っているのだ。なぜなのか。

その理由は明確だ。コミッショナーから40試合の出場停止を食らったからだ。禁止されている巡業を彼はやめずに続けたのがその理由だった。しかし、この年のあとは、また41本、46本と本塁打数を伸ばしていく。

21年の出場停止がなければ、通算のホームラン数やほかの記録にも違いを与えていたはずで、その意味からも停止を惜しむ意見があるが、残念がるのは当たらないと思う。コミッショナーはコミッショナーで「建前」を守り、ベーブはベーブで、覚悟の上で「本音」を貫いて、両者でベースボールの尊厳を守ったのだから。

そんなことより、1923年のある新聞記事の方が面白くはないか。「ベーブ・ルース、草野球で骨折！」という見出しを見て、多くのファンは肝を冷やしたのではなかったろうか。

9月4日の夕べ、彼はフィラデルフィア・ケンシントン地区の草野球場でプレーしていた。着ていたユニフォームは地元のアセンシオン・カソリック・チームのものだった。

その日どうしてベーブ・ルースが、そんなところで野球をしていたのか。ちょうど、ヤンキースが3連覇に向かって必死の戦いを続けていた時である。ベーブ自身もまた、ハリー・ハイルマンとの激烈な首位打者争いの最中だった。

ことの起こりは、ケーシーという名のキリスト教牧師にあった。彼は教会堂の建設に取り組んでいたが、基金は十分には集まらず借金は増大しつつあった。そのままでは、教会建設は延期されることになりそうだった。そこで彼は古くからの友人だったベーブに相談したのだ。

ベーブは協力を約束。そうして、この日午後の公式戦アスレチックスとのゲームのあと、サム・ジョーンズ投手を伴って、タクシーで駆けつけたというわけであった。サム・ジョーンズ投手は、その日のアスレチックス戦で、見事ノーヒットノーランを演じたばかりだった。

ワールド・シリーズだろうと草野球だろうと

『フィラデルフィア・インクァイアラー』紙の記事にこうある。

「野球機構に入っていないチーム同士のゲームで、これほど多くの観衆を集めたことはフィラデルフィアの歴史にはない。スタンドの座席はすべて埋め尽くされ、柵の向こうからも数百人が、見つめていた。丘の上、ペンシルベニア鉄道の線路に沿ったところにも数千人。工場の窓、家々の屋根にも人は溢れていた。（略）そして、ベーブは、それがまるでワールド・シリーズのゲームであるかのようにプレイした」

ケーシー心尽くしの折角のユニフォームも、一塁ライン際の猛ライナーに彼が飛びついた時に、破れてしまっていた。ファースト・ベースマンとしての記録は刺殺13、補殺2。「ベーブの偉大さの秘密は、野球をすることに対する熱意をいつまでも忘れていないところにある――それが公式戦のゲームであろうと、ワールド・シリーズであろうと、エキシビションゲームだろうと」とはスポーツ・ライター、ランク・グラハムの言葉だ。

このゲームでの打撃についても述べれば、2打席目に打った巨大な二塁打が、その日の唯一の安打であったが、彼の功績はそれだけではなかった。2点をリードされた9回裏、彼はセンターにこれまた大きな打球を飛ばした。これを相手野手がとり損ねて、ベーブは二塁に生きた。

次打者のホワイトが四球で出た。同点の機ついにきたと見たベーブ・ルースは、一塁走者と示し合わせてダブルスチールに出た。ホワイトは捕手からの送球に刺されたが、野手がタッチにもたつく間にベーブは三塁を回ってホームにスライディング。チーム唯一の得点を挙げた。

猛烈なスライディングで、たしかに彼は足に怪我を負ったが、新聞が騒いだほどのことはなかった。この日も、ベーブ・ルースはゲーム後、暗くなってもまだホームベースのところで子供たちにサインを続けていたという。その日、どれくらいの基金が教会に寄せられることになったか、それは記録にない。想像できるのは、彼の訪問が、危なかった教会建設に大きな福音となったであろうこと。教会が安泰であれば野球チームもまたそうで、それは長くその地域に存続したとのことだ。

大統領を超える給料

1927年というのが、ベーブには特にいい年だった。それはチャールス・リンドバーグが大西洋

1927年には60本の新記録。いよいよベーブの打棒を止める術はなくなってきた

への無着陸単独飛行を果たしてアメリカ中が沸き立った年だ。ベーブ・ルースは151試合に出て、60本のホームラン、得点158、打点165を記録した。打率も・356と高いものであった。

ベーブ・ルースは軽々とホームランの新記録を作ったが、彼には何のプレシャーも緊張もないのであった。ベーブがプレッシャーに悩まなかったのは当然だ。彼の前に聳えていた記録といっても、それらは自分が作ったものだったからだ。他人の記録を打ち破る時のような過度の圧迫や緊張があるわけがなかった。

彼のバットからは、その後も快音は続いて、翌1928年からの5年間を、54本、46本、49本、46本、41本と過ごす。

1927年、彼の給料が時のハーバート・フーバー大統領のそれを上回る時、彼のサクセス神話はついに確固たるものとなった。

家柄もなければ教育もない、ただの野性児が、バット1本で時流に逆らって立ち、大統領を超える年収のプロ野球人となったことに、大衆は拍手を惜しまなかった。

1929年1月、妻のヘレンが亡くなった。もともと身体の弱い女性だったが、最後の数年はもうベーブと暮らしてはいなかった。彼女の死によって、ベーブはそれまでつき合っていたクレアという女性との結婚への道が開かれた。ベーブにはドロシーという養女がいたし、クレアにはジュリアという娘がいたが、それぞれが連れ子をもった同士で結婚したのであった。ヘレンの死後3カ月のことであった。

クレアは母親のような愛し方でベーブを愛したといわれる。ベーブの食事に殊に気をつかい、酒量を制限したりした。少なくともベーブにとってはいい妻であった。１９３４年、ベーブ・ルースが「オール・アメリカン」を率いる形で日本にやってきた時、彼はこの妻クレアと養女ジュリアを同伴していた。

１９９５年、ベーブの生誕１００年を記念しての『ベーブ・ルース学会』がニューヨークで開かれた時に、私はジュリアさんとお会いしたが、彼女は日本来訪の時、日本のファンにどんなに盛大に迎えてもらってうれしかったかを、語り続けるのであった。それはベーブ自身にとっても、現役引退が迫っていた時のことだったから、一家全員にも特に印象的な旅だったということであった。

その時期というのが、ちょうど日本とアメリカとの関係がおかしくなっていきつつあった時だけに、両国の間の緊張を緩和させたベーブの役割は大きかったといわれる。当時駐日米国大使をしておられたジョセフ・グルー氏の著書『滞日

ベーブの2番目の妻となったクレア・ホッジソン

十年』（筑摩書房刊）にも、このことについての言及があり、「ベーブは、私などよりはるかに有能な親善大使だった」と記している。その時の同じオール・アメリカンの訪日チームの中に、のちに東京大空襲への準備のための情報を集めたモー・バーグが、スパイを兼ねた第二捕手として加わっていたことと思いあわせれば、その時のベーブの存在の意味が一層深くなる。

第十二章　ベーブの影響の大きさ

いかにして、いい選手を

先章の終わりで、ベーブがクレア・ホッジソンという女性と結婚したことを述べたが、それについても、様々な意見がある。

どうして、彼はクレアと結婚する気になったのかが、わかりにくかったからだ。

ジュリアという子を持っていた上に、母親までがついていた。クレアは画家のモデルをしたり、ショウで踊ったりの女性だったが、格別な美人だったというわけでもない。当時のベーブなら、もっと条件のいい女性がヤマといて、選りどり見どりで得ていておかしくはなかったろうというのが大抵の意見なのだ。

では、実際には、何が本当の理由だったのか。

いろいろ調べてみて、私がいま思うのは、本当の理由とは、どうやら私がいま書いた「子持ちの上に、母まであった」という条件そのものにあったようなのだ。つまり、クレアには「家族」があったということ。ベーブが欲しかったのは、それだったのではないか――。そう思ってみると、この結婚はよく理解できる。

ベーブ・ルースはずっと家族なしに暮らしてきた。子供の頃から、家はあったものの、実際にはなかったに等しい。父は厳しかったし、仕事以外のことはまったく念頭にない人だった。母は病気がちだった。家庭に安らぎはなかった。セントメリー校では寮だったから、人との交流は多かったが、家族ではなかった。先の妻だったヘレンとの間に、子供はなかった。ドロシーという女の子を養子にしているのも、家庭らしきものにしたかったからではなかったか。

つまり、ベーブにはそれまで家族らしい家族とは縁がなかったのだ。それが、クレアと結婚することで、ついでに、「家族」までが得られたのだった。当時の写真を見ると、すっかり家庭人となったベーブが、いかにもよき父親像を見せようとしているのがわかる。彼にしてみれば、クレアと結婚して、やっと人並みの暮らしに入れたとの気持ちになっていたのではなかったろうか。夕食後の団欒の時のものであろうか、ベーブが義母とカード遊びをしている写真もあったが、ベーブには本当に安らぎに満ちた表情があった。

さて、こうして個人の生活においてベーブ・ルースは新しい世界へと入ったが、実は、ベースボールそのもの対しても、それまでとはまったく違った世界へ導いていく働きをしていたことも、述べておかねばならない。一口にいえば、１９２０年代という新時代の幕開けを象徴していたのが、ベーブだった。それくらい、彼の影響は、巨大だった。

選手の給料を上げる

まずは最初に、野球界への影響があった。

１９２０年代の初め、ベーブの年俸は２万ドルだった、その10年後には、それはその４倍になる。

アメリカ人の平均年俸が１４００ドルだった時代に、である。スター選手には、それだけの価値があるとされたのだ。

いや、それでもまだベーブ・ルースの給料は安過ぎるとさえいえた。彼が加わったことでヤンキースは年間に、入場料収入だけでも、少なくとも20万ドルの増収になっていたのだから。野球選手たちの給料を全体的に引き上げる刺激となった。

何といっても、球団にとって最も大切なのは選手だということ、特にスター選手こそが球団の命綱だということが、ベーブ・ルースよって証明されたのだ。

ベーブ・ルースを先頭にして、スター選手たちの年俸はたしかに上昇した。おまけに、彼らはさらなる引き上げをいつも求める。経営者側としては、選手への支払いはできるだけ抑えたいが、かといって、彼らが給料以外に収入の手段を持つようになることは避けたい。別途の稼ぎに熱を入れられても困るのだ。

選手たちの給料ベースを抑えながら、できるだけ気分よく働いてもらう方法はないものか——オーナーたちは考えた。その結果が、個人賞などの設置だった。いってみれば、選手への懐柔策である。

アメリカン・リーグでは、以前あった最高の選手に対する賞を、１９２２年に復活させた。ＭＶＰ賞である。２年後、ナショナル・リーグもこれに倣った。このほかにも、様々な個人賞がこの時代に生まれているのは、以上の理由からであった。しかし、球団によって事情は異なる。経済力の弱い球団にはこれは苦しい制度だとの批判も生まれた。

いうまでもないことだが、財政事情の苦しい球団は、若くて優れた選手を高い給料で雇って使うなどということはできない。それは観客の多い大都市にある人気球団のみの特権ともいうべきことで、他地域の球団はそうはいかない。できるだけ選手を安く雇って、育てるという手段しかないのであった。

どの球団だって、いい選手はほしい。ベーブ・ルースのように、ぽっと出てきて、いきなり活躍してくれるプレイヤーがいれば申し分ないが、普通はそうはいかないのだ。安く雇って大成させる——というのが一番いいが、どうすれば可能か。皆がそれを考えるようになった。

若い選手と安く契約して

それに最初に答えを見い出したのが、セントルイス・カーディナルスだった。球団にブランチ・リッキーという策士がいたことが発火点となった。セントルイスは、決して小さな都市ではないが、ニューヨークなどに比べると、ビジネス市場は小さい。ミシシッピ川を中心とした船の時代が終わって、勢いが減退した。

スター選手がいなければファンが集まらないのなら、それを自分たちで作り出す以外にないとして、彼らが考案したのが「ファーム制度」だった。安く契約した若きプレイヤーを、そこで鍛えてスターにしようというのだ。

ブランチ・リッキーはファームチームを多く発生させ、さらにはそれらでなるマイナー・リーグの編成を推進した。それにより、大リーグに直結した巨大な「マイナー・リーグの牙城」が作り上げられた。カーディナルスは、これによって、それからの27年間、ほかの球団から1人も選手を買わずに過ごすことができた。いや、それどころか、育てた選手を他球団に売って稼ぐという方法まで編み出した。最高時にはカーディナルス傘下のファームチームだけでも32を数えたというから凄い。

ブランチ・リッキーがやった選手募集の方法というのは、3日に及ぶトライアウトが中心だった。そこで見込みのありそうな若者を見つけるのだ。このトライアウトには、多い時には数千人もの参加があったというから、いい素材はきっと見つかっただろう。「質を得ようとすれば、まずは量だよ」というのがリッキーの口癖だったとか。

球界全体にこうした制度を促進させたのが、ほかでもないベーブ・ルースだった。彼の存在が、何より大きな刺激になったのだ。そしていつしか、大リーグ傘下のマイナーは、リーグだけで27を数えるようになり、球団数も151。プレイヤーの数は約2800にまで伸びることになる。大リーグ球団が16だった時代にである。やがて、マイナーにもA、B、C、Dの等級が作られた。最下位のD級が野球機構の選手全体の3分の1を占めるようになっていた。

誰もが「次のベーブ・ルース」の発見を目指した。ベースボールの世界が、彼のような夢の実現が起こるところなのだと知ったからだ。ボルティモアの職業学校から出てきた若者が、わずか数年でヒーローとなれる世界――。それが現実なら、同様のことが、この「ファーム制度」によって、もっと安く、もっと多く、そして効率的にできるかもしれないとの期待があった。

ただ、彼自身は自分の存在の意味など考えることもなく、思うがまま自由に振る舞っていた。それがまた、ファンには魅力だった。行状には問題が多く、無鉄砲なやんちゃ者だ。酒は浴びるほど飲む。門限は破る。しかし、現実の世界で成功を勝ちとっていく。大衆の期待に十分に応える活躍を見せ、人気をかっさらっているのだ。そんな夢を追うことのできる世界が、ファームという組織だと受けとられた。

この「ファームシステム」が進展していって最高を迎えたのが、１９４９年だった。マイナー級のリーグだけで59。チームは４５０もあった。２０２１年に大リーグは、大幅なファームの削減を発表したが、当時とはまったく逆の状況だといわねばならない。

意志あるところ道あり

「サンデー・ベースボール」を実現させたのもベーブ・ルースだった。彼のホームラン見たさのファンの要求から生まれたのだから。

今となっては不思議に思う方もおられるかもしれないが、かつてアメリカでは、日曜日に野球をするなんて、禁じられていた。日曜日は神に捧げられるべき日で、宗教ごと以外はダメ。野球なんてとんでもないことだった。

厳格な清教主義に基づくもので、娯楽はもとより、労働、商売などもしてはいけないことにされていたから、野球なんてもってのほかということか。プロ野球を興行することも、見ることも、草原でプレイを楽しむことももままならなかった。

　これを定めたのが、いわゆる「ブルー・ロー」（安息令）。その冊子の表紙が青かったところから、そう呼ばれたものらしい。

　1870年頃には、安息日でもたまにはプロ野球が行われたことがあったようだが、1876年からは大リーグはそれに従っている。これに反対し、勝手に日曜日にも野球を興行したシンシナティ・レッズは、その罪でリーグから追放になり、セントルイス・ブラウンストッキングズ（ブラウンズ）は、その法への反対を表明しつつ、自らリーグを去った。

　英国の伝統を強く残す東部で、この法律は特に厳しく守られようだ。しかし、時代が進むにつれ、意識の改革が起きてくる。日曜日にも野球を見たりプレーしたりしたいというファンが、確実に増えていった。ベーブ・ルースによるホームラン熱がそれをあおっていた。

『ニューヨーク・タイムズ』1897年12月17日付に掲げられている読者の声にこうあった。

「どうして日曜日に野球を楽しんではいけないのか、日曜日にも、ほかのどの日とも同じように、ベースボールを楽しんでいいではないか。（中略）週に6日も働き続けてきた人には、日曜日に野球のゲームを見られる程度の権利があっていいはずだ」

　日曜日にも、どうしても野球をやってほしいという人たちが、この時代に見せた知恵には、感心せざるを得ない。頭のいい人は、どこにでもいるものだ。

宗教的な理由から「サンデー・ベースボール」がいけないというのなら、いっそ球場で牧師さんからお説教をしてもらったらいいのでは……といい出したのは、インディアナ州のハートフォードシティだった。そのお説教のあと、「ついでに」ベースボールを見ればいいというのだから、けだし名案だ。

この案は見事に受け入れられ、そこでは日曜日のゲームの前に、ホームプレートのところに牧師が立ち、30分ばかりのお説教をするのが通例となった。

ニューヨークはマンハッタンの東、ブルックリンの人々が考え出した方法はこうだった。日曜日のゲームそれ自体が禁止だったのではなく、日曜日なのに「入場料」をとることがいけないなら、その日、観客は「入場料」は払わず、代わりに「スコアカード」を買うことにした。カードには座席位置によって異なる値段がついている。25セントから1ドルまでだ。ゲームは「スコアカード」を持っている人に限られたのは、いうまでもない。この方法は、法には一切触れていないため、誰も手出しができず、最初から1万人もの人の同意を得て成功したとのことだ。

何とも破天荒なアイディアを出したのは、カンザス州のジラードという町だった。驚いてはいけない。その町では水曜日と日曜日を入れ換えたのだ。つまり、日曜日を水曜日と呼ぶことにした。水曜日なら野球見物もよかろうと考えて、人々は出かけたという。

「サンデー・ベースボール」の促進

「サンデー・ベースボール」を推進させる方が、若者たちに町をうろつかせたり、飲酒やギャンブルに走らせたりするよりは、はるかに健康的なものではないかということもいわれた。これには誰も反論できない。最初は「ブルー・ロー」を厳しく守らせようとしていた人たちも、次第に健全レクリエーションとしての野球には寛大になっていった。

また、第一次世界大戦（1914〜18年）がそれを促進したということも、いっておいていいだろう。軍需産業に携わる人たちの娯楽として、また、戦争協力への基金調達法として、「サンデー・ベースボール」が市民権を得ていったからだ。古い宗教的価値観より、現実に金を集める力の方に気がとられていったということだろう。

同時期、アメリカの主要都市の市長に対する意識調査が行われた。「サンデー・ベースボール」を支持するのか、否かというわけだ。その結果というのが32対27で、「サンデー・ベースボール」支持派が優勢を示した。これを受けて、ニューヨークのブルックリン・ロビンズという球団が、1918年7月1日の日曜日に、マンハッタンのポロ・グラウンズで日曜にゲームを行ったら、およそ2万5000人の観客が集った。

こうした趨勢にもかかわらず、旧態を守っていたのが、マサチューセッツ州とペンシルベニア州だった。いずれも古い価値観が染みついた街である。最後まで残ったのがその建国の州だった。1794

年にその法律を通して以来、住民は「ブルー・ロー」の下で日曜日の活動を抑えてきた。「息をする以外はすべてダメ」とまでいわれた厳しい法である。事実、フィラデルフィアでは日曜日にアイスクリームを売って逮捕された商店主がいたし、庭で畑仕事をして6日間の拘置所送りにされた人もいた。

フィラデルフィア・フィリーズはこの町の球団として、大リーグの球団中で最後まで厳格に法を守り続けた。しかし、その結果は観客動員数にはっきり表れていた。プロ野球といえば、日曜日の観戦者の数が全体のほぼ40パーセントを占めるといわれた業界である。フィラデルフィアの2球団（アスレチックスとフィリーズ）がシカゴの2球団（カブズとホワイトソックス）に大きく観客数で差をつけられた理由の第一はそれだった。

観客が少ないと、球団の収入も少ない。収入が少なければ、いい選手が見つかっても採用できない。いい選手が入らなければ、いいゲームはできず、観客も多くはこない——という悪循環が待っていた。フィリーズが大リーグで最初に1万敗を記録する球団となった流れは、すでにこの頃からのものだった（詳しくは拙著『大リーグ・フィリーズ10,000敗』（志學社刊）をご覧ください）。

古いWASP（アングロサクソン系白人新教徒）の思想をいつまでも皆に押しつけられるはずはなかった。アメリカは絶えず新しい移民を受け入れていた。特にニューヨークでは、1900年には人口の76パーセントが非アングロサクソン系であった。そして、その後も異教徒、それに日曜日を安息日としない人々が増え続けている。彼らが反対しては、「ブルー・ロー」も力を失っていった。

結局フィラデルフィアも、同じ道を辿る。1926年、アメリカ建国150年の式典にからんでのことだった。「建国の都」として、その祝賀に多くの金が必要となった。加えて、巨大なアミューズメントパークの建設もからんで、急に多額の金の必要に迫られた。そのためには野球界からの協力が大切ということで、やっと「サンデー・ベースボール」への道がここでも開けてきたというわけであった。「サンデー・ベースボール」は多くの人に等しく野球見物の楽しみを与えた。野球とは「アメリカの国技」だと関係者は長くいい続けてきたが、その主張を現実のものにする機会となった。現実がやっと理想に追いついたのだ。ベーブが、陰ながらアメリカの民主化に寄与している例は、これに限らず、多岐にわたる。

ゲームの進行を知るには

ベーブのホームランに沸く大リーグ野球を見たいという人の数が激増した。しかし、誰もが球場にきて、実際にゲームを見られるわけではなかった。

昔の野球場近辺の風景を撮った写真に、高い樹にファンが鈴なりになって観戦しているものがよくある。あんなに高いところで、何と危険なことかと驚くが、当時の野球熱といえば、そんなだったのだろう。

しかし、ゲームを実際に見ることのできなかったファンは、一体、どうしたか。ほかに手段はなかったのか。ゲームの進行状態を知るには、どうしたのか。

球場周辺では、木によじ登って試合を観戦するファンの姿もあった

そんな手段は、すぐに工夫された。最初は「速報板」だった。それぞれの地域の新聞社などが作ったもので、社の前に板をおっ立てて、ゲームの進行を示し、観衆の期待に応えた。

今でも、球場によっては、同様のものを通路などに置き、特に子供たちに人気を集めているから、ご覧になった方にはおわかりだろう。グラウンド全体を俯瞰した図案の大きな板だ。実際に球場にいる係の者からの刻々の連絡で、それは作動された。一例を挙げてみよう。

投手が球を投げる。と、黄色いランプが点灯した。ストライクだと赤が点いた。青いランプの数は、アウト数だった。

ヒットが出た時には、ベルが鳴った。観衆はきっと声を挙げただろう。速報板の上に描かれたダイヤモンドには、当然ながら三つのベースと本塁プレート。その上に、走者の位置を示す明かりがついた。これでワールド・シリーズの熱戦まで、球場のありさまを伝えようというのだから大変だ。しかし、不十分な情報の提供道具なればこそ余計に、ゲーム自体への関心がかき立てられるということもあったのではなかったろうか。

それより少し以前のことだったと思われるが、アトランタのオペラ座では、実際の選手たちの名前をつけた少年たちが、舞台の上でバットを振ったり、走ったりして、ゲームの模様を伝えたらしい。要するに、ゲームを模倣した実演だ。どちらがよりよい伝達法だったかはわからない。はっきりしているのは、こういったものは、すぐに改良物が出るということ。

1922年の時点で、ニューヨークのマディソンスクエア・ガーデンでは、マグネットを使った工夫物があり、ゲームの様子をより正確に伝えた。その時点でのニューヨークには、もう数百万もの野球ファンがいたのだから、ワールド・シリーズともなれば、大変な騒ぎになっていたはずだ。

新聞、雑誌、そしてラジオ

それ以外にも、ゲームのことを伝える手段としては、活字によるものがあった。新聞、雑誌、書籍の類である。これらは、速報板やステージショーとは無縁の人たちには便利だったが、何ぶんにも実際のプレイとの間に時間のズレが出る。速報性に欠けるのだ。

その点、ラジオはよかった。

速報性が満点だし、ゲームをより魅力的に人に伝えることができた。アナウンサーのゲーム描写によって、どんな演出も可能になった。「ラジオはヒーローを作る」という言葉があるが、本当だ。見せ場、いや、聞かせ場を、自分たちで作り出すことができるからだ。球場で実際にゲームを見ている者にはただの大フライのファウルも、ラジオでは立派な興奮材料となる。

「打ちました。おおっ、大きいぞ。大きいぞ。高いフライだ。高い、高い――。さあ、どっちだ。ファウルかフェアか。ファウルかフェアか。ああ、……ファウルです！　ファウルです！　惜しい！」

聞き手に対して、実際には何も見えてはいないのに、まるで見ているかのように強い興奮を与えるラジオ放送は、人間の想像力が無限であるだけに、果てしない影響力を見せる。実際に球場で見ていた者には、ただのファウルであることが一見してわかる打球でも、ラジオではこれだけ人を引きつけた。アナウンサー次第で、凡人を名手に、凡戦を名勝負にしてしまうことだってあり得た。しかもラジオは、それまでの方法とは段違いに広い範囲に、情報を伝達できた。

時期的にも、ちょうど第一次大戦が終結した時に、ベーブのホームラン量産の時代がきたのが幸運だった。元来、戦争というのは、通信機器を急進させるものだ。その成果をここベースボールに活用できたのがよかった。ヒントを与えてくれたのは、1920年のデトロイトにおける地方選挙だったらしい。少しあとのピッツバーグでの選挙でも、ラジオの生放送の威力が一般に周知された。それらに勢いを得た野球界が翌年のワールド・シリーズを、初めてラジオで放送させると、これを聞いた人の数はおよそ500万。各ラジオ店では拡声器でそれを流していた。

各家庭がラジオ放送の受信機を備えて、野球のゲームを聞くという日常が始まる。日本でもテレビの時に同じことが起きているが、そうした放送機器は、野球場へくる観客の数を減らすのではないかという心配があった。

実際、アメリカン・リーグの会長バン・ジョンソンは放送の許可には及び腰で、それを見てとった『スポーティング・ニュース』紙などは、同じ論調に走った。「物ごとには、見るべきものと、聞くべきものとがある。絵画は見るべきものだし、コーラスやソナタは聞くべきものだ。野球も見るべきものので、聞くべきものではない」というのだった。この程度ならまだしも、その主張は次第に高揚していって、「ゲームを、家にいてラジオで聞くなどというのは、人を怠け者にし、ものぐさにする。野球場で得られる新鮮な酸素にも不足し、健康によくない……」というのから、さらには「スポーツを耳で聞こうとする国は、やがては白旗を国旗にし、ハトを国鳥にすることになろう」というまでになる。

しかし、その声もベーブがホームランを量産させ続けているうちに、その魅力には抗し切れずに消えていった。そして残された事実は、まさにその逆。それまで野球などをまったく知らずにきた人たち——特に女性たち——をも目覚めさせる効果で以って、時代の生活ペースをすら変えていくのだ。

教養のすべてを

当時のラジオ放送というのは、アナウンサーがやたらとしゃべるのが普通だった。なぜかというと、少しでも黙ると、聞き手は自分の受信機が故障したかと思って、叩いたり、蹴ったり……。これではアナウンサーは黙れない。

逆にいえば、それほど熱心にラジオが聞かれていたということだ。

最初は、ウェスタン・ユニオン社の電信によるカタカタというモールス信号の伝える短信があるのみ。球場からのその連絡を、各地に点在する地方局が受けとる。地方局のアナウンサーは、それを最大に膨らませ、まるで現実に見ているかのように語るのだ。つまり、それはアナウンサーの想像による芸能の一種だった。そこにはアナウンサーの知識、知恵、想像、空想、判断、ウィット等々の教養のすべてがあったわけで、いかようにも面白くなり得るものだった。特に機器の不都合などで放送が途絶えた時などの対処には、その人の実力が出た。放送の中断を、何かの話でつながなければならないのだ。応用されたのが、選手同士の口論、負傷、突然の豪雨、イナゴ大群の来襲……等々の作り話だった。

また各球団のアナウンサーには、それぞれの常套句があり、パイレーツの放送を担当したロージー・ロウズウェルなどは、いつも「ミニーおばさん」を登場させたという。ホームランが出た時には、彼は叫ぶ。「さあ、いったぞ。ミニーおばさん。窓を開けろ。いくぞ！」。ご丁寧にも、アナウンサーの脇には助手がいて、窓ガラスの割れる音や、台所のナベ、ヤカンに球が当たる音を演出したというから、大変な凝りようだ。おばさんが、ついに台所を飛び出したという設定もあり、「こりゃ、いかん。ミニーおばさんが庭のホースに足をとられて転倒！　おばさん、大丈夫か！」と絶叫するに至っては、もう野球を超えてしまっている。

「マーフィーの奥さん！」を常套句にしていたのは、ワシントンD・CのWTOP局アナウンサーのアーチ・マックドナルド。地元セネタースの選手がホームラン性の打球を打った時は大変。「いくぞ、気をつけろ。マーフィーの奥さん！」となる。当時は街角のドラッグストアにはラジオ・ファンのための応援席まであったそうで、ここに集った仲間は熱狂した。安打が出たら「バーン」という轟音がラジオから聞こえ、それが二度だと二塁打。だから、ホームランだと4回の「バーン」が続いたわけで、店も大変だったろう。こんな話を聞くと、そのあとに出てきたテレビでのホームランなどというのは、何とも想像力に訴えない退屈なものと思えてくる。

放送中のロージー・ロウズウェル（右下）。後ろには、効果音のための
助手がスタンバイしているが、彼自身も何か音を出そうとしている

歴史が語るところでは、のちに大統領となったあのロナルド・レーガンも、アイオワ州デモインのアナウンサー時代には、そのような放送で人気を得ていたようだ。ある時の放送で、やはり球場から地方局へのモールス信号による通信が故障して、そのイニングがどのようであったかの結論がわからない。打席に立った打者が、アウトになったのか否かさえわからない。放送を担当する者としては、どうすることもできず、彼はその打者がファウルボールを打ち続けることにした。後からわかったことだが、それはおよそ6分間のことだったというが、バッターにファウルを打たせ続けることになる。中にはホームラン性の大飛球もあったことにし、なおも時間稼ぎに、そのボールを追って2人の少年が走り出し、ついには喧嘩にまでなった話にしたとのこと。「喧嘩はいけません。喧嘩はいけません。喧嘩はやめましょう」と締めくくるあたり、さすがにのちの大統領だ。

大統領ではないが、これは少しあとの人気者にもなったヴィン・スカリー（ドジャーズ所属）は、同様の空白を埋めるのに、「おや、グラウンドに犬が1匹、入ってきました」とし、それが外野などを走り回って選手たちとの鬼ごっこになるのを、克明そうに「実況」放送したとのことだ。

つまり、その時代のアナウンサーたちは、そのようにして放送から退屈の二字を追放することに努力し、「見るべき野球」を「聞くスポーツ」へと変えていったのだといえる。

マックネイミーの名放送

１９２３年のワールド・シリーズ第６戦の放送が、一つの頂点を示した。ヤンキースはそれまで３勝２敗。その８回だった。

相手は宿敵ジャイアンツである。スコアは１対４でヤンキースは劣勢にあるが、走者は満塁。そして、打者はベーブだった。つまり、３点差でのベーブとくれば、皆の期待は一つ。もしもホームランが出れば、満塁だから一挙に逆転だ。そしてシリーズの４勝目も引き寄せ、王座への驀進となる……。場所も申し分なかった。因縁のジャイアンツが持つポロ・グラウンズだ。

ベーブがバットを持った。打席に立つ。放送していたのは、老練アナウンサーのグラハム・マックネイミーだった。

何と、この場面で、ベーブ・ルースは三振するのである。

放送史を書いた作家レイモンド・フランシス・イェイツは「その時の放送こそ、アメリカのスポーツで私が最も深く心打たれたものの一つだ」といっている。「私たちは自分が参加していたドラマを、自分の耳で聞いたのだ」とも。つまり、誰もがそのゲームにのめり込んでいて、まるで自分が試合をしているかのような気になっていたということだろう。その時のマックネイミーの放送がどんなだったのかといえば、実は、彼は何もいわなかったのだという。

「グラハム・マックネイミーは、すべての聴取者を観客にしてしまうアナウンサーだった。彼は私たちにゲームを見させてくれ、言葉によって、それに着色までしてくれた。(中略)想像力なんて不要だった。その時球場に沸き起こった絶叫、怒号、嘆声……。アナウンサーはそれら各種の轟音にマイクを委ねて、彼自身は沈黙した。こうしたリアリズムをちょっと入れることで、彼はアメリカの野球場の雰囲気を正確に伝えたのだ」

いつもはしゃべり続ける彼が、黙り通したのだ。沈黙を持って名放送と呼ばれたのは、彼が初めてだったといわれる。自分の言葉で伝えるより、もっと効果的なものとして、その場のファンの声を拾って自分の放送の代りにしたということだろう。

こうしたマックネイミーの放送が人気を集め、各球団がレギュラー・シーズンの試合をラジオで伝えるようになっていった。1924年には、シカゴには野球を伝える放送局が五つもあったというし、翌年にはボストンに二つができている。

これらすべて、もとはといえば、ベーブ・ルースの動向を知りたいというファンの熱意から生じたものだった。観客は増えた。チームの勝敗より、ベーブが打ったかどうかの方に関心が集まっていたというのも、当然だろう。ラジオ放送に触発されて、球場へ観戦にくる人が急増した。フォードT型を初めとした車の発達もあった。車のラジオで野球の放送を聞くというのが、一つの流行にもなった。

こうして、各球団のファンの占有地帯ができていった。球団のラジオ放送が聞こえる範囲が、その球団の支持地域ということになれば、ラジオが持つ意味はさらに大きくなった。放送の及ぶ範囲が、その球団の占有地帯としたからだ。

１９２９年頃には、もうアメリカの家庭の半分に電気が通り、3分の1がラジオ受信機を持つようになっていたとのこと。それを背景に、野球は国民的スポーツという位置を確実にしていった。

マスコミとコマーシャル

マスコミが発達していくと、次に起きたのが広告宣伝というビジネスとの連携だ。

ベーブ・ルースはスーパースターの座を確実にしていたから、コマーシャル活動にこれほど都合のいい人物はなかった。自社のＰＲ活動に彼を使いたいというところが次々に現れた。これを取り仕切ったのが、クリスティ・ウォルッシュという男だった。

ウォルッシュという男は、もともとはアイルランドの出。一旗挙げるのを夢見てアメリカにきた。『ロサンゼルス・ヘラルド』紙に漫画などを提供していたというが、第一次世界大戦の英雄話のゴーストライターとして成功したあと、時代のヒーローとしてのベーブの存在に気づき、彼との接触を求めてニューヨークに出てきた。何とかして、ベーブ・ルースに食らいつくことを計画する。仕事はそこから見つかるだろう。

ウォルッシュは、ベーブ・ルースが根城にしているアンソニア・ホテル（アッパー・ウエストサイドのブロードウエイ73丁目〜74丁目）の近くに拠点を構え、接触の機会をうかがった。一帯に知己、友人を増やしていき、やがて彼は密造酒を売る男と知り合う。禁酒法の時代とて、まさかベーブ・ルースが直々に業者と接触して酒類を手にするわけにはいかない。運び屋の1人がこっそりと新鮮なビールなどを彼に届けているらしい。

ウォルッシュは、その親玉に会い、願い出た。「ベーブさんにビールなどを届けている係の人が、もしも休んだ時には、是非、私にその代役を務めさせてほしい」と。

待てば海路の日和あり。ついにその日がきて、クリスティ・ウォルッシュは初めてベーブ本人に接触するのに成功した。会ってみると、たった一度で、2人は気が合った。

「そうか、お前もアイルランドから出てきて、苦労したか。俺もボルティモアで、ひどいガキ時代を過ごしたなあ」という打ち解けた話だ。「田舎から農家の人が荷車に野菜や果物を積んで出てくるのを待って、その上からリンゴを掠め取ったりしてさ。ひどい子だった。だから、この間ボルティモアへいった時には、その荷車の親爺に『そのときの分だ』といって、まとめて払っておいたよ」

こんな話を聞いて、そのまま聞き逃すとしたら、それはもはや馬鹿というものだろう。そのあとウォルッシュがあらゆるマスコミからの依頼に係わるエイジェントとして活躍するようになったのは、それからだった。

「そんな話、私1人で聞くのはもったいない。新聞でも雑誌でも、きっとほしがりますよ。高い金を払いますよ」とベーブにけしかける。「こんな話を新聞などに売ると、何ドルになるのですか」と

ベーブが根城にしていたブロードウェイのアンソニア・ホテル

商才に長け、ベーブの収入も堅実に管理したクリスティ・ウォルッシュ(右)

聞くと、「まあ、5ドルか」とのこと。「私だったら、その100倍の金を払いますよ」というと、ベーブの顔つきが変わったという話もある。ベーブが乗り気になったのに気づくと、ウォルッシュはすぐに「前金として払っておきます」といって、持てる金のすべてをベーブの眼前にドンと置いているところに、彼の非凡な商才が見える。ウォルッシュはベーブに会う前に、銀行へいって金を借りてきていたのだ。

そのあとは新聞、雑誌のインタビュー記事などだけではなく、全国ネットのラジオからのインタビューもあったし、本の出版もあったし、映画の話もいくつかきた。

様々な商品広告の中心に、ベーブを採用させたのもウォルッシュだった。飲み物、スポーツ用品、電気製品、犬小屋、おもちゃ……。

最初は子供向けの商品が多かった。靴、帽子、ソックス、服等々。どんな物にもベーブは自分の名がつくことを厭わなかったが、ただ、子供たちにとってよくないもの、好ましくない物にはつけさせなかったことは注目していい。

もちろん、大人の物品にも広まった。先に書いた商品のほか、ハンティング用品、釣り道具、最新の紳士用品、鰐皮の靴。スポーツ・カーの数々、パッカードやキャディラックにもベーブの名が語られた。パーティや晩餐会に出れば、250ドルから1000ドルが渡された。開店祝い、開場祝い、ボクシングの試合にゴルフのコンペなどにおいても同じだった。

マスコミを通じて商品を紹介し宣伝するという、いわゆる「コマーシャル」の大きな世界が開けてきたのも、ベーブ・ルースあってのことだった。クリスティ・ウォルッシュはベーブを売りまくった。いってみれば、彼はベーブを「商品」にすることに成功したのだ。「神様からの贈り物かと思えた彼ほどの逸材が、それまで野放しになっていたのには、心底驚いた」と彼はいっている。当時はまだ広告宣伝といっても、今ほどの大きなビジネスと見られてはいなかったのだろう。

クリスティ・ウォルッシュはそれらからの収入の管理も堅実にした。ベーブに任せていては、霧消してしまうこと間違いなしなのだ。

本や映画においても、ベーブを主人公にするのに成功したから、もはやベーブは不滅の名声の主になったといってよかった。それを実現させたのは、すべてベーブ本人の資質だったというわけにはいかない。そこには「スポーツ・エイジェント第一号」のウォルッシュの並外れた商売勘というものもあったからだ。

それをさらに証明するのが、地方巡業だ。

ベーブ・ルースが真のアメリカンヒーローになれたのは、そのせいだったし、ベースボールがアメリカの真の国技になったのもそれによってだった。そして、それを実行させたアイディアマンもまたクリスティ・ウォルッシュだった。

ウォルッシュの戦略もあり、やがていろいろな商品にベーブの肖像や名前が使われるようになっていった

第十三章　遠征に、巡業に

ベーブを知るには

ベーブの野球人生を理解するためには、リーグ公式戦のことを知るだけでは無理だという話を、私は1995年4月、ニューヨークのホフストラ大学で開かれた「ベーブ・ルース学会」で聞いたが、それはとても示唆に富むものだった。

それは同市に住む熱心な野球研究家のロバート・アイゼンさんの発表で、特にベーブにおける遠征や巡業の意味するところを深く語っていた。たしかに彼の遠出は、アメリカのみならず、日本にも大きな影響を与えるものだったことは、すでに多くの人の知るところだ。

ベーブ・ルースの遠征好きは、同時に彼の本質をもあぶり出す。本当は、リーグ戦でペナントレースを戦うより、彼自身はずっと遠征を続ける生活をしていたかったのではなかったろうか。

もともと、アメリカには巡業形式の芸能団が多くあり、ショービジネスが盛んだった。野球もそうしたエンタテインメントの一つだったから、ベーブも子供の頃から、それらに親しんでいたのだろう。真に大衆に浸透した芸能やスポーツとは、地方へのそうした巡業によってこそ感得されるものとの信念すらあったのかもしれない。

シーズンが終わると、ベーブたちはよく地方へ遠征してゲームを見せた。仲間を連れていくこともあったし、現地のプレイヤーたちとチームを組んで試合をしたこともあった。ベーブは球界一の高給とりでありながら、使う額も大きい。いくら巨大な年俸を得ても、決して十分ではなく、常に余分の稼ぎをする必要に迫られていた。たがら、遠征は給料以外に金を稼ぎたかったということももちろんあったが、そればかりともいえない。最大の理由は、彼が野球をするのが好きだったということに落ちつく。前に書いた教会建設の資金集めの話の時などがそうだ。

彼のエイジェントとなってベーブの予定を組んでいたクリスティ・ウォルッシュが考え出した遠征の行き先もいろいろあって、ベーブは大童だった。それがまた彼には楽しいのである。プロ野球の歴史自体が、シンシナティ・レッドストッキングズの旅巡業から始まっていたとなれば、それは不自然なことではなかった。彼らが示していたように、巡業が成立していること自体が、人気の証明であり、強い球団の証拠だった。

強豪はどの町からも引っ張りダコだったから、彼らにはリーグなんて邪魔だった。依頼されるままに各地を巡り、地元のプロ球団やセミプロと対戦する。時には戦力を誇るアマチュアのチームも、腕試しに挑戦してくることもあった。

強豪はそれらを相手に、楽しいゲームを見せる。「楽しい」という要素には、相手チームに力を十分出させておいて勝つという技術が要った。大差で勝ったりしては、次に対戦してこなくなるからだ。観客にもプレイヤーにも、「ああ、惜しかった」と思わせるゲーム運びを、それも相手には作為的とは気づかれないで実行するのだ。まさに格段の力の差があってこその話だった。ちなみに、シンシナティ・レッドストッキングズの初年度の成績は60勝無敗。翌年も1敗のみ。圧倒的な強さがあった。

リーグ戦とは、試合相手を探さなければならない程度の球団が、安定的にゲームのできる状態を求

人々との交流を好んだベーブ（後列右から3人目）は、ウォルッシュ（左隣）が用意する野球巡業を心底楽しんだ（下写真はベーブが使っていた旅行カバン）

（Babe Ruth Museum）

めた結果だということで、あくまで二流球団の考えた苦肉の方式だった。彼らには、ホームとアウェイの対戦形式を保つ意味から、自前の球場を作る必要があった。しかし、巡業野球には、自前の球場なんて必要なかった。試合相手が用意してくれるからだ。乞われるままに現場にいって、そこでゲームをすればいいのだ。

何ごとにもとらわれず、自由に

特にベーブの場合は、巡業という言葉ではカバーし切れない幅の広いものだった。前に示したセントメリー校の火災救援の旅を見てもわかるとおり、まったく自己犠牲的なものさえ、そこにはある。単なる野球好きからきた茶目っ気で、素人のただのゲームに飛び入りすることさえあった。巡業の最盛期というのは、ベーブがホームランを量産し始めた時から、彼の引退までの時期だということもできる。公式戦日程の合間にだって、彼はそんなゲームに出た場合も多い。

はっきりいえることは、ベーブ・ルースは本質的に旅に出て人々に会い野球を通じて交流するのが何より好きだったということだ。そうでなくては、彼の巡業に対する長く深い情熱が理解できない。

時期として最も多いのは、いうまでもなく公式戦後。一時的なチームを編成していくこともあれば、個人でいくこともあった。その様子を見れば、どんなに彼が野球好きだったのかがわかる気がする。

もちろん、巡業をしたのはベーブ・ルースばかりではない。タイ・カッブやウォルター・ジョンソンも、オフには巡業野球をしているが、その数はまるで比較にならない。

大リーグ球団によっては、リーグ戦のメンバーのままでいくこともあったが、大リーグの球団名のままで地方巡業することは、まずなかった。巡業に出て、そこで負けたりしては、球団名にキズがつくことを恐れたのだ。特に、黒人のみの大リーグである「ニグロ・リーグ」の球団とのゲームに負けを喫しては、それこそ恥だとの意識がある。だから余計に球団名での旅は避けて、スター選手の名を押し出して、たとえば、「ボブ・フェラー・オールスターズ」などとするのが常だった。

ベーブ・ルースの場合は、特にその名前を使うことにこそ意味があったから、1人でいっても、人は集まった。ベーブより多くの巡業ゲームをこなした人がいるとすれば、中南米諸国からカナダにまで足を伸ばし、年柄年中、旅をしたニグロ・リーグの雄、サチェル・ペイジくらいだろう。

もしもベーブが、自らの意志のままに、自由に巡業をして回れれば何も問題はなかった。しかし、球団オーナーも監督も、そしてコミッショナーも、共にスター選手の巡業には反対だった。理由はわからなくもない。公式戦以外のところで力を使い果してしまっては困るし、選手たちにケガでもされたらなお困るからだ。

制裁を受けても

しかし、ベーブはコミッショナーからの注意にも耳を貸さず、巡業を続行して強く対立する。

彼はあくまで巡業を好み、どうしてもやめない。巡業で地方を巡り、ファンに直接触れてゲームを楽しむ。そこにこそベースボールの真の意味があるのだとの信念さえ持っていたに違いなかった。特に多くの子供たちに、彼は触れたがった。

そういえば、彼はこんなこともいっている。

「野球というこのゲームは、私たちが子供だった頃からあったもので、子供のゲームなんだ。人は成長し、やがて大人になる。それでも野球が好きで、大人になっても、これをやり続ける。今では国技の名の下に大人が我が物顔にこれをプレイしているが、もともとは子供のものなんだよ」

1922年のシーズンの最初の40日ばかり、リーグからの罰として、ベーブが出場を止められたことは先にも述べた。コミッショナーからの忠告を無視したためだ。給料もその分が差し引かれた。しかし、大リーグ自体も痛し痒しだった。彼をスターにしてしまっている手前、その人を球界から放り出してしまうわけにもいかなかったからだ。

コミッショナーもある程度の譲歩をせざるを得なかった。ベーブはさらに2回の罰金と数日の出場停止を食っているのだが、コミッショナー側の譲歩も進んで、公式戦以外のエキシビションゲームにも、1球団3人までならならいいということにされたりもした。巡業の禁止期間というのにも、ベーブの希望への迎合が見える。

コミッショナーからの制裁は受けたが、それに始まる抵抗から、プレイヤーたちはかえって団結し、自分たちの立場を守るための「プレイヤーズ・アソシエーション」という選手の互助的な組織を生み出した。

コミッショナーや球団オーナーたちに対し、身を以って抗議するベーブ・ルースは、一般の選手たちにとっては、労務管理に対して彼が代表して抵抗してくれていると見えたのだろう。結果的にいえば、彼は図らずも選手たちの自由を守る運動の象徴となり、選手会活動の躍進のきっかけとなった。

オハイオ州ライマにて

地方遠征でのファンの喜び方、ベーブの人気のほどについては、抽象的に書くよりは、具体的に述べる方がいいだろう。そのいい例を探していて、恰好なものを"Babe Ruth at 100"(AMS Press)に見つけた。アリゾナ州立大学レイモンド・シャーク教授がオハイオ州ライマでのベーブぶりについて書いておられるものだ。要約させて頂く。

時は1926年の10月15日金曜日。快晴で、暖かい日だった。

ライマという街は、オハイオ州西部にあり、人口約5万。マラリア熱の特効薬キニーネがとれるところから、ペルーの都市Lima(リマ)にちなんでそう名づけられたが、アメリカではライマと発音される。今では航空機の部品の生産が盛んだ。ただし、大リーグ野球からは遠く離れたところで、名選手のプレイなど、ほとんど誰も見たことがなかった。ここに、ワールド・シリーズ直後のベーブ・ルースがやってくるというので、大騒ぎとなった。地元の野球クラブの関係者が直接ベーブに連絡して急に決まったのだとか。地元紙の一つが、『ベーブがライマのユニフォームでプレイする』と予告したところ、2ドルの入場券が飛ぶように売れた。相手は近隣リーグで強豪のセリナのチームだった。

実施の決定が、ゲームのわずか1週間前だったというのに、様々なイベントがそれに関して計画された。中央広場に建つ12階のライマ信託銀行ビルから、野球のボールが落とされるのを、ベーブに捕ってもらおうというのもあった。また、シャツや靴など、様々な物がこれを機会に売られた。

予定はすべてベーブのエイジェントであったクリスティ・ウオルッシュによって整理され、その通りに進められた。朝10時15分、鉄道列車がライマに着くと、駅頭にて市長を初め市の要人たちが彼を迎えた。数千人の歓迎の中、車で中心街のノーバル・ホテルへと案内された。歓迎の式典があり、そのあとすぐにベーブが向かったのはマーフィ・ストリートにある子供たちのための養育院だった。彼の到着がサイレンで知らされたから、近隣の子供たちも大挙して押しかけ、大騒ぎとなった。

続いて彼はシャウニー中央小学校へ移動。ここでも500人の生徒たちと会った。途中の沿道にも歓迎の人波があった。そして2時になって、ようやく野球場へいくと、すでに4000人の観客が待ちかねていた。歓迎の言葉やら花束贈呈やらのあと、10分間の打撃披露。外野フェンスを越す大飛球が11回。そのたびに大きな歓声が沸いた。

ゲームが始まったのはそのあとだった。ベーブは投手もし、一塁手もやった。二塁手も三塁手も

人口5万人の小さな町ライマは、ベーブの来訪で大騒ぎになった

……つまり、イニング毎にポジションを代えて、ファンにそれぞれでの守備を見せたわけだ。しなかったのは、捕手とライトのポジションだけだったとのことだ。

ゲームは9回まできちんとやって、11対7でライマの勝ち。ベーブの打撃はさすがに豪快。ホームラン2本に、二塁打も2本あった。ファンはそれらにすっかり満足したとのことだが、ゲームに時間が掛かり過ぎたのがまずかったか、ニューヨークへ帰る鉄道列車の時間に不足した。

このあとがいかにもアメリカらしいが、関係者が鉄道に連絡したらしい。

何と、このペンシルベニア鉄道の物分かりのよさときたら、驚くべし。4時40分のライマ発車時間を遅らせて、ベーブの搭乗を待ったという。

そういうわけで、信託銀行ビルからのベーブのボールキャッチはできなかった。

ライマ再訪

時間切れで、急いで帰ってきてしまったことが気になったのか、あるいはライマの町がそんなに気に入ったのか、ベーブはもう一度、ここに戻ってくる。それも1年後の同じ日にだ。おまけに、今度はニューヨーク・ヤンキースの同僚ルー・ゲーリッグを連れてくるという。町の人々はもう一度歓声を挙げた。

今回も前回と同様な物品の販売などがあったが、エッセイコンテストもあって、優秀作品の6者にはサインボールなどが与えられることになっていた。

１９２７年10月15日。午前11時17分に列車到着。ベーブとゲーリッグの２人は、すぐに子供たちの養育院へ。それからセント・リタ病院と回復期患者保養所、及びセント・ローズ小学校などを訪問してから球場入りした。

この日は前年とは違って曇って寒い日だった。それでも、前回より多い５０００人が詰めかけた。今回の野球では、ベーブがライマ・クラブの一員として出場。ルー・ゲーリッグは相手のセリナ・クラブに加わった。

アンパイアは2人いたが、その内の１人で球審を務めたジョン・フィリップス氏は、65年以上も経った１９９４年に、新聞のインタビューで、聞かれるままにこんな話をしている。

「ベーブはホームランを打つために、打ちやすい球を待っていたのではなかった。１９２７年のそのゲームのことを、私はよく覚えていますよ。ベーブの打席でのことです。ストライクがこず、続けてボールが三つきたのです。投手は彼を敬遠するつもりだったのでしょう。その時ベーブは私の方を振り向きもしないで、こういいました。

『このあとの2球をストライクとコールしてくれ。きっとだぞ』と。

1球目がきました。外角に外れた低めの球です。私はベーブとの約束を守って『ストライク!』とコールしました。スタンドからはブーイングの声が起こりました。2球目、今度もまた同じ外角低めの球。私は声を張ってコールしました。『ストライク!』。今度は逆に、スタンドで拍手と歓声が起きました。あえてストライクとしたコールの意味が、理解されたのでしょう。誰だって、ベーブが一塁へ歩くのを見たくはありませんからね。

さて、次の球です。ベーブがそれを打つと、球はセンター後方のフェンスを越え、ちょうどその時球場の外を走っていたB&O鉄道の有蓋貨車に当たりました。それまで、そんなに遠くまで打球が飛んだことはなく、記録的な長打でした」

このアンパイア氏の話によると、ベーブはこのゲームでも、貨物車直撃の一打のほかにもう1本打ってホームランを2本にし、チームを9対6の勝利に導いたとのこと。すべての人を野球好きにしたベーブたちの話は、長くこの町で語り継がれる定番の野球話の「古典」となったという。

カリフォルニアの日系人とも

　こんなことを紹介していると、すぐに思い出したのがカリフォルニアの日系人たちのチームとも、同様のゲームがあったという話だ。フレズノに住む日系人野球研究家のケリー・ヨー・ナカガワ氏を訪ねた時に聞いた話の中にそれがあった。そういえば、ベーブ・ルースとルー・ゲーリッグの2人が遠征用のユニフォームを着ていた写真もあったのではなかったか。

　調べてみると、この時の彼らがワールド・シリーズの後に出た巡業のゲームは計21試合。行程は東部ロードアイランド州から西部カリフォルニアまでの九つの州にまたがり、８０００マイルに及ぶ。全部で20数万人の人が集まった記録がある。

　カリフォルニアでゲームを行ったのは、サンフランシスコ、オークランド、メアリーズヴィル、ストックトン、サクラメント、サンノゼ、フレズノ、サンタバーバラ、サンディエゴ、ロサンゼルス。私がナカガワ氏に話を聞いたのは、フレズノでのゲームのことだった。

　時は１９２７年の10月29日（土曜日）だったというから、先のライマでのゲームのあとだった。フレズノは州中部の農業地帯の中心都市。日系人も多く、野球ファンに満ちている。しかし、当時はまだミシシッピ川以西に大リーグ球団はなかった。アメリカ西海岸には、パシフィック・コースト・リーグというプロ組織があったが、あくまでもマイナー・リーグ。ベーブ・ルースやルー・ゲーリッグに触れるといっても、新聞、雑誌かニュース映画などを通してのみ。彼らのプレイを見るなんて、夢の

フレズノを訪れて日系人チームとの試合に参加したベーブ（右から3人目）とルー・ゲーリッグ（同5人目。間に立つのがケンイチ・ゼニムラ）

また夢だった。

ヤンキースのスター選手がきてくれるというので、地元のプロ選手やセミプロのプレイヤーたちは大張り切り。ゲーム形式は、ちょうどオハイオのライマでの第2戦目と同様に、地元プレイヤーたちで2チームを作り、一方にベーブ、他方にゲーリッグを配す。その対戦を市のファイアマンズ球場で行うというものだった。その2チームのニックネームは、「ブッ叩きのベーブ組」と「打ちのめしのルー組」だった。

この晴れの舞台に代表として出場することになった地元選手たちの中には、日系人選手が4人いた。いずれもが、この地方では有名な選手たちだ。「二世ベーブ・ルース」の異名を持つジョニー・ナカガワ、「二世セミプロ・クラブ」監督兼選手のケンイチ・ゼニムラ、「二世テッド・ウィリアムス」のハーベイ・イワタ、そして鉄砲肩で知られるフレッド・ヨシカワだった。

日本訪問の糸口となった交流

フレズノの野球ファンは大興奮していた。試合前には、ベーブからの挨拶と共に質問も受けつけてもらえ、初めから楽しさ一杯だった。もちろん、両者のバッティングも披露された。気持ちいいほどに打球はポンポンと飛んだ。

ゲームでは、1回、ベーブはライトに大ホームラン。これはホームプレートから410フィートの外野フェンスを軽々と越えた。ルー・ゲーリッグはホームランこそなかったものの、右中間への三塁打やセンターへの二塁打を放っている。

ベーブ・ルースは打撃以外にも見せ場を作った。

3回、ベーブ軍の投手が打ち込まれ、5点を献上して引き下がった時、ベーブがマウンドに立った。元はといえば、ボルティモアのセントメリー校の投手だ。無死にて走者を抱え、果たして投手ベーブはどうするかとファンが固唾を飲む間、次打者を二塁へのライナーに仕留めると、ボールは塁を巡ってトリプルプレイ。見事、三重殺となった。ベーブにとっては最高の結果で、さぞかし、彼も痛快だったろう。

日系人選手の成績をいえば、ゼニムラ選手が2打席に1安打、盗塁1。ナカガワ選手も同じく2打席に1安打、盗塁1。ヨシカワ選手は二塁打を記録し、打点1を記録している。

このゲームは普通の場合のような終わり方ができなかった。

日没のせいでも、風雨のせいでもない。ファンのせいだ。13対3でゲーリッグ側が勝利を収める寸前、まだ二死で勝負は終わっていないというのに、ゲーム終了を待ち切れない少年たちが、一斉にグラウンドに流れ込んできて、ベーブ・ルースとルー・ゲーリッグをとり囲んでしまったのだ。サインをねだろうというのであった。そうなると、もはや人垣が大きくなるばかり。アンパイアは「ゲーム」を宣告せざるを得なかったという。

元より勝負には大した意味はなく選手たちのプレイを楽しむのが趣旨だった。この時の巡業全体におけるホームラン総数は、ベーブ・ルースが20本。ルー・ゲーリッグが13本だった。

それより私たちにとって重要なのは、このようにベーブ・ルースと日系人との接触がうまくいったことだ。彼は日系人たちの野球熱の高さに感心していたという。この機会の話し合いの中で、日系人野球の中心的人物ゼニムラ・ケンイチ氏が、直接ベーブ・ルースに、日本本土における野球の隆盛を語ったことが意味を持つ。彼は「是非、一度、日本本土にいかれては……」と勧めたとのことだ。

ベーブ・ルース自身も、カリフォルニアにきて、初めて日系人の野球熱に触れて感心したことが、このあとの日本訪問へと連なっていったという歴史の面白さがここにある。

ベーブ・ルースたちの1934年の日本遠征については、すでに日本のどの野球史にも書かれてい

来日時、甲子園での試合の際のベーブ。少年と帽子を交換して写真に収まっているのが、何とも彼らしい

るから、ここで詳しく語ることは控えるが、ベーブたちの一行を迎えるために全日本軍が編成され、それが後の読売巨人軍となってほかの球団の発生を促し、日本職業野球連盟誕生へと連なったことは述べておきたい。つまり、ベーブ・ルースたちの日本遠征が日本でのプロ野球の誕生に直接結びついたことを思えば、このカリフォルニア巡業が持っていた意味は実に多大だったといわねばならないのだ。

このベーブたちの一行は、日本に着く前にハワイのホノルルで1試合をしていたが、帰りには上海で1試合、フィリピンのマニラで3試合をして勝利を記録した。どこにおいても野球の楽しさをファンに伝え、熱い興奮を呼び起こしたのだった。

刑務所の巡業で放った自身最長のホームラン

こんな遠征の折のホームランは、よく「この地での最長距離の記録的な一打だった」と書かれているものだ。それが本当なら、彼は各地で記録を残したわけだが、彼自身の本当の最長ホームランの記録というのは、どこでのものだったのか。それが多少は気になった。

調べてみると、彼の最長のホームランとされる有力な例に、何と刑務所への巡業の時のものだったというのがある。

場所はハドソン川沿いのニューヨーク州オシニングのシンシン刑務所。時は1929年9月6日。かの大恐慌が始まる7週間前のことだった。地元のこととて、彼らはニューヨーク・ヤンキースのチーム名でいっている。

正午過ぎ、各自自分の車で到着した選手たちは、正面玄関から入っていった。青い制服の看守たちに案内されて、ベーブも内部を見学。34歳になっても茶目っ気を忘れないベーブは食堂で生姜入りパンに舌鼓を打ち、病に伏す受刑者を見舞って部屋でサインしたのち、皆が恐れる電気イスに座ったりもした。

全盲の老人もいると聞いて、彼はわざわざその人にも会っている。「どうしてここへくることになったのか」と聞き、「妻を殺害したかどでの終身刑」との返答に彼も慨嘆した。

チーム全員が更衣室でユニフォームに着替え、グラウンドへ。相手は受刑者たちの選抜軍で、ミュー

ベーブがとんでもない飛距離のホームランを打ったというシンシン刑務所。向こうに見えるのはハドソン川だ

チュアル・ウェルフェア・リーグ（相互福祉リーグ）に加盟しているチームだった。何でも野球部は１９１４年からあって、彼らの試合は、普段は１人25セントで観客に見せるのだという。彼らを応援するための、いわゆるチア・リーダーまでがあった。もちろんこの日もリーダーがきていて、受刑者たちの９割、１５００人の応援をまとめた。

グラウンドは普通の野球場よりは狭かったが、一応のフェンスはあり、その外も高い壁で囲まれていた。ベーブ・ルースは7回までは一塁手を務め、そのあとは投手をしてファンを喜ばせた。相手チームの捕手をしていた選手には、レフトにホームランを打たれると、彼は叫んだ。「オイ。もったいないじゃないか。大リーグと契約できそうだぞ」。すると、スタンドから声があり、「契約しようにも、彼にはまだ刑期が10年残ってるよ」。楽しいジョークを直接交わせる機会を作ってくれたベーブに、一同深く感謝していたことだろう。

ところで、ベーブの記録的なホームランというのは、2回に飛び出したもので、この日の3本の本塁打の最初のものだった。それは中堅手の頭上を越え、監視塔をも越え、高い壁を越えて場外へ。さらにはその下のニューヨークセントラル鉄道をまたいで、断崖に当たって止まった。その距離620フィート（約189メートル）だったといわれる。ゲームは17対3でヤンキースの勝ちだった。

ベーブはゲームのあとも、せっせとボールにサインをしていたと記録にある。

相手がとった3点の内の2点が、ベーブが投手をしていた時のものであった。

もともと、アメリカは初めから大きな矛盾を抱える国ではあったが、「社会の平等化を進めるのに、スポーツが大きな働きをした」といわれる。「ほかの何より、特に野球が」ともいわれる。

こうした刑務所への野球遠征などを見ていくと、その中心にいつもベーブがいることがわかる。彼がすべての人を平等に扱おうとしていたのは本当だったと理解できてくる。その意味からいっても、ベーブはいかにもアメリカ人らしいアメリカ人だったし、典型的な“social equaliser”（社会を平等にする人）だったといえると思う。

第十四章　すべてはパンデミックから

女子野球においても

前章において、ベーブ・ルースはアメリカの地方ファンにも刺激と興奮を与えただけでなく、日系人のような外国系の人々にも、さらには刑務所にまでもいって、彼らに野球を見せて楽しませたことを述べた。つまり、ベーブはどこへでもいき、誰とでも野球を楽しむ気持ちの持ち主だったことがわかる。

それを思うと、ここにもっと大きなことを書き残していることに気づく。女性や白人以外の人々との交流だ。ベーブはその点においても、同様の大きな影響を与えているからだ。

ごく一般的にいって、今ここに書いた「女性や白人以外の人々」というのは、普通のアメリカ野球史では平等性普及の失敗例として挙げられる最たるものだ。特に大リーグ野球機構は、自分たちの世界を白人男性の占有物にするのに熱心なあまり、彼ら、彼女らを、積極的に仲間とする努力を怠った。従って、彼ら彼女らがアメリカ球史に登場してくるのは、時期的あるいは内容的に、限定的だ。しかし、その限定的なものの中に、私たちはベーブの存在を見ることができる。

まずは、女性と野球との関係から見るとしよう。

初期の野球の様子を語る書物を開くと、必ず華やかに着飾った若い女性たちが見物席に溢れている情景がある。当初の親睦を目的とした野球においては、重要なのはゲームそのものよりも、ゲーム後のパーティだったとされる。そこで重視されたのが女性ファンの数だったとか。どれほど多くの女性たちを集められるかが人気のバロメーターだった。

ということは、女性と野球との関係は、まずは観客としての存在だった。彼女たちが野球場にきやすいようにと、わざわざ「女性の日」を設けて、サービスにこれ努めることをよくしている。ニューヨーク市の内外でチーム数が増え、競争が激化してくると、男性ファンの中には狼藉者も出てきて、騒ぎがよく起こった。そんな時でも、女性ファンが多ければ、彼女たちがその抑止力になったから、球団側にとっても有難かったのだ。

では、女性は見物人であることに満足していたのかというと、それは違う。非常に早い時期から、プレイもしているのであった。

最も早く、最も熱心にプレイしたのは、女子大の学生たちだった。特に、名門校にそれは多い。1866年に野球大会まで開催しているヴァサ・カレッジなどがそれだ。ほかにもスミス、ウェルズリー、マウント・ホリヨウク、バーナードなどの有名女子大にそれは広がっている。

もちろん、野球が持つ体育性や健康性への期待もあったろうが、それ以外の意味がそこにはあったのではないか。優秀な学生を集めた名門校の女性たちがそうしていたというのだから、彼女たちのプレイは体力強化などのためというよりは、女性の権利拡張、地位向上の狙いがあったものと思われる。

わかりやすくいえば、「どうして野球は男性のみのものとされているのか」という問い掛けであり、「女性もやって悪いはずはないでしょう」という主張だったろう。この流れはしばらく続き、のちの女性参政権獲得運動へと結びついていく。

女性の権利拡張のために

1915年、ナショナル・リーグの古豪プロ球団ニューヨーク・ジャイアンツが、「女性参政権の日」(Women Suffrage Day)というのを本拠地ポロ・グラウンズで開催するまでになる。具体的に、どのようにして女性参政権の獲得の支援をしたのかというと、女性参政権賛成論者の団体には、球団は入場券をまとめて安く売る。そのチケットは転売可能とされているため、正規の料金でほかに売ることできる。その差額を参政運動に使ってもらおうというのである。

同じような資金集めを、参政権反対者たちがした例もある。野球が多くの人の関心を集めていたからこそ行われたわけで、ここからも野球人気のほどがわかろうというものだ。

ただし、名門校の女性たちのこうした活動は、さして長くは続いていない。それは彼女たちの母親が、女性がそういう社会性の面でばかり動いていては、彼女たちが女性らしさを失ってしまうことになると心配したことによるらしい。実際に野球をプレイすることで主張するのではなく、もっと冷静に、知性を使って知的活動でするのが名門女子大生のとるべき道と説得されたりもしたようだ。そのせいもあったか、一部を除いて、女子大生たちの野球との関わりは次第に勢いを失っていく。あんなに熱心に参政権のためのプレイをしていたヴァサ・カレッジでも、やがてそれは学校に禁止されるものとなってしまった。

男女共学の大学でも、1904年にペンシルベニア大学の野球部に5人の女性が入り、男子選手に交じって実際にゲームにも出ていたこともあったが、その火もしばらくして消えた。しかし、突如これに変化が起きたのは、１９２３年になってからだ。

24もの女子学生野球チームが出現し、連盟まで作って大会を始めたのは、時代的にいってベーブによるホームラン熱、野球人気の高揚によるものと見ることができる。それほどのことがなければ、そんなことは起きないからだ。日本でも、東京の第一高等学校（現・東大）が横浜の外国人チームに勝ったりして野球人気が高まると、地方の女学校にまで野球部ができている。

野球と女性参政権との関係という話になると、一つ思い出すことがある。

２００８年の夏、マサチューセッツ州のウェストフィールドという町で、ヴィンテージ・ベースボール（古式野球）なるものを見た。その町にかつてあった野球の再現だった。ゲームのルールはもちろん、当時の雰囲気をそのまま伝えるようにとの配慮から、すべての面で当時の様相が保たれることになっていた。見物にくる観客も当時の服装でくることにされていたし、それを警備する警官もまた当時のままの姿だった。

試合時間以外のことで特に面白かったのは、イニングの合間に、女性たちによるデモンストレイション（示威行為）があったことだ。政治への参加、教育機会の平等、労働条件の公平化を訴えていた。なるほど、このように女権拡張運動と野球とが深く手を結びあっていたかと、その再現にも大いに興味を持ったことだった（詳しくは『古式野球』（彩流社刊）参照）。

女子プロ野球の出現

ベーブ・ルースたちが盛り上げるのに成功した野球人気は、女子大学以外のところで、より大きな刺激となった。女子プロの野球だ。彼女たちは堂々と男性とも戦った。

1922年の8月14日、ボストンのフェンウェイ・パークで、大リーグのオールスター・チームと対戦した女子プロ野球選手のリジー・マーフィーさんなどが、その一例だ。1918年にプロビデンス・インディペンデンス球団と契約した彼女は、1935年までの17年間プロを貫き、『野球界の女王』の呼び名がついた。大リーグのオールスター・チームと対戦したというのも本当で、彼女は一塁を守って大喝采を受けた。

かと思えば、投手として、ベーブ・ルースとルー・ゲーリッグを共に三振で切ってとった女性もいる。1931年8月2日、17歳の女性投手ジャッキー・ミッチェル嬢は、ニューヨーク・ヤンキース（球団名のままだ！）と対戦。わずか⅔イニングを投げたのみだったが、その間にベーブ・ルースとルー・ゲーリッグを三振させた記録がある。ルースとゲーリッグの二大スターを三振に切ってとるとは何たる快挙といいたいところだが、いささかでき過ぎではないかとの気もする。客寄せ的な見せ物として、彼女に投げさせたのではないかと思われても不思議でないところだ。

しかし、晩年このミッチェルさんが述懐しておられるところでは、そのゲームでの彼女の快挙は、決して見せ物的に仕組まれたものではなかったとのことだ。ヤンキースの2人の打者が事前に受け

ジャッキー・ミッチェル投手（左から2人目）とベーブ（右端）。彼女の左に立つのはゲーリッグだ

ていた注意は、「打球を投手の彼女に打ち返さないこと」という一事のみだったとのことだ。つまり、それ以外の何のとり決めも、打ちあわせもなかったというのは本当だろう。彼女は真剣に、全力で投げたのだ。その熱意を多としたベーブたちが、三振で応えたのは、彼女のその意欲を彼らのバットで削いでしまってはいけないとの思いがあったのではなかったか。彼らは野球を振興させるためにきているのであって、実力のほどを見せつけるのが目的でないことは、本人たち自身が最もよく知っていたのでは？

ベースボールがアメリカの国技といわれるほどの広がりを持つ背後に、こうした事実のあったことは、ベーブ・ルースの歩みを見ていて初めて知ることだった。

来日の女性のプロ野球

女性のプロ球団には、文字通り、女子のみの球団もあったが、たいていは2、3人の男性を入れてチームを編成し、各地に点在するプロ、アマ、セミプロと戦い、ファンを楽しませた。それは各地において、実に様々に実施され人気を得ている。近隣の町だけでなく、離れた場所へも遠征することも流行している。

外国へいくことさえあって、その代表的な例に、１９２５年秋に来日した「フィラデルフィア・ボビーズ」がある。エースの長身左腕投手レオナ・カーンズ嬢（17歳）は、なかなかの投手で、対戦した日本人学生たちもその球威に驚いている。中には敬意までも書き込んだラブレターを出した者もいたほどだ。

彼女たちは10月18日に横浜に着いた。23日に日本大学とのゲームを皮切りに、日本歯科専門学校、松竹キネマ蒲田チームと試合を行ったが、勝利はなかった。そのあとは関西へ移り、甲子園球場で大阪外語大、大阪歯科医専と。後者に勝ったのが、彼女たちの初勝利だった。あとは関西映画解説者チーム、大毎社会部、立命館大、松山商業、伊予鉄道と対戦。最後の広島八千代クラブ戦に勝って2勝目とした。全体で2勝8敗1引き分けという成績だった。

このあとチームは二つに分かれ、一方は韓国にわたり、少なくとも2勝（1敗）を挙げた。日本に残っていた片方に、エースの左腕投手レオナ・カーンズ嬢がいたが、彼女は帰国の途次、船中から波にさらわれて落命という悲劇にあったのは、何ともいたましい。２００４年春、私はイリノイ州シャンペーンの町で、彼女の妹のネリー・カーンズさんにお会いしたが、彼女は姉の野球道具はもちろん、日本での記念品も大切に保管されていた。このネリー・カーンズさんもまた女子野球の選手だった人で、彼女たちはカナダまでいったとのことで、当時の野球ブームを熱く語ってくれたことが忘れられない。（『日米野球裏面史』（日本放送出版刊）参照）

なお、この「フィラデルフィア・ボビーズ」の人気選手で最年少だったイーデス・ホートン遊撃手（当時13歳）は、帰国後もいくつかの球団でプレイしたが、１９４６年、大リーグのフィラデルフィア・フィリーズにスカウトとして正式に採用され、大リーグ初の女性スカウトとして名を残した。

ニグロ・リーグの発展にもベーブの影響あり

話は女性の野球にとどまらない。

これはあまり大きくはとり上げられないことだが、ベーブはニグロ・リーグ野球の発展にも影響を与えている。

アメリカ野球の歴史において、初期の一時期を除いて、黒人が大リーグでプレイすることはなかった。ご存じジャッキー・ロビンソンが１９４６年にドジャーズと契約するまで、黒人のメジャー・リーガーはいなかったのだ。大リーグ側は自分たちの世界を純白に保つことにこだわり、人種の壁を長く守り続けたことはよく知られるところだ。

ベーブ・ルースが若さを保っていた１９２０年代や30年代初期のアメリカでは、社会の全面に人種差別が存在していたが、それが野球にも反映していたわけで、特に南部では乗り物やレストランでも、白人と黒人の場所が分けられていた。「白人専用」「黒人専用」との札が多く掲げられていた。年間に10件から15件の黒人リンチがあったという報告もある。学校スポーツでも、白人と黒人は別になされることが多かった。

プロ野球においてもまた、黒人たちはやむなく大リーグとは別の自分たちのリーグを作り、「ニグロ・リーグ」と称した。そこには大リーガー顔負けの優れたプレイヤーが多くいたが、白黒両リーグのチームが、「公式に」試合をすることはなかった。ゲームがあったとすれば、それは公式シーズン後のエキシビションゲームでのことだった。

シーズンが終わると、地方への巡業に出たのはニグロ・リーグ球団も大リーガーたちと同じで、そこでの両者の対戦はかなりあった。黒人球界のヒーローだった快腕サチェル・ペイジは、インディアンズ・メンバーで固めた「ボブ・フェラー・オールスターズ」とよく対戦した。ボブ・フェラーといえば、「火の玉投手」の異名を持つ速球投手だったから、ファンには大きな関心を呼んだ。同様の顔合わせは、カーディナルスの「ディジー・ディーン・オールスターズ」とも多数見られる。ベーブ・ルースもまた、ヤンキース、あるいはベーブ個人の巡業で黒人チームと対戦している。

場所はアメリカ本土でのこともあり、キューバ、ドミニカ、プエルトリコなど、中南米でのこともあった。中南米諸国では、人種による差別は本土ほどには厳しくなかったから、ニグロ・リーガーたちは日頃の憂さを忘れて伸び伸びとプレイした。特に白人大リーガーたちとの対戦となると、彼らは余計に張り切ってゲームに臨んだのであったろう。20世紀前半の50年間に行われた両者の対戦成績では、大リーグ側は認めたくないだろうが、ニグロ・リーガーたちの方が優勢だ。私の長年の友人である黒人野球研究家のジョン・ホルウェイ氏の計算によれば、6割以上がニグロ・チームの勝利だとのこと。

ベーブがいるチームとの試合は、どのチームもが望むものだった。客の入りが違うからで、収入増を図る球団には特別のことだった。

ベーブには黒人の血が流れているとの噂は、本人も気にするところで、とても嫌っていたといわれるが、それは根強く残った。前にも述べたように、タイ・カッブがいつもそのことを口にし、ベーブをからかったことから、2人の仲違いが発生していた。ただし、ベーブ本人に黒人たちを嫌う風はなく、ゲームでは何も問題は起こしていない。

今紹介したばかりの黒人野球研究家ジョン・ホルウェイ氏の書、"From the Great Black Baseball Leagues"にこんな話がある。

ニグロ・リーグのベテランの1人ビル・ドレイクが巡業の旅に出たその途中で、やはり巡業中のベーブと会ったのだとか。

ビル・ドレイクの印象では、ベーブはごく普通の人。いつも噛み煙草を口にしていたという。そこで、ドレイクは気安さに乗って、「その噛み煙草を、一口噛ませて下さいよ」と頼んだらしい。するとベーブは断りもせず、ポケットから固形の噛み煙草をとり出し、ドレイクに噛ませた。そして、何事もなくそれをまたポケットに戻したとのこと。

「非衛生的ではありますよね、たしかに。しかし、ベーブは絶対に黒人差別者ではなかった」というドレイクの言葉が残されている。

ルースとの対戦でニグロ・リーグにもホームランの波

ニグロ・リーグの好投手の1人に、〝キャノンボール〟・ディック・レディングという投手がいた。このレディング投手がベーブと対戦した時の話はこうだ。

「1927年というと、ベーブが60本のホームランを打った年だ。10月11日にニュージャージー州のトレントンで、彼らのチーム（ブルックリン・ロイヤル・ジャイアンツ）とベーブたちのチームとが試合をした。ベーブたちのチームというのは、地元のセミプロ・チームにベーブとルー・ゲーリッグが加わったもの。このゲームを計画した興行主が、ゲーム前にわざわざレディング投手のところにきて、こういった。

『この入場者の数を見ろよ。この人たちは、何を見にきたと思う？　そうだ。君もわかっているよね。ベーブ・ルースのバッティングを見にきているんだ。な？』

『はい。わかっています』

『いいか。ベーブが打席に立った時には、真剣にやれよ。いい加減なピッチングはするな』

『わかってますよ』。レディングは答えた。『真剣勝負のいい投球をしますよ』。レディングは本気で投げた。

その日のベーブたちのバッティングは、こうだったという。ゲーリッグは、まず二塁打、そして四球、単打、ショートへのフライ、ベーブはというと、最初がフライのアウト。それから二塁への小飛球。そしてそれからが、ホームラン3本。いずれもが右翼フェンスを越す文句なしのホームランだった。ファンは大喜びし、ベーブにもレディングにも、大収入となった」

「黒いベーブ・ルース」とも評されたニグロ・リーグの伝説の強打者、ジョシュ・ギブソン

こうしたことからの影響か、ニグロ・リーグの野球にも、ジョシュ・ギブソンに象徴されるように、ホームラン風が吹き始めた。それまでの彼らの野球の特徴は、盗塁など足による得点の多いことだっ

た。それもたしかに面白かったのだが、次第にファンはホームランを好むようになっていった。「黒いベーブ・ルース」と称されたジョシュ・ギブソンなど、長距離打者が人気を得るようになるのも当然だった。

オスカー・チャールストンという親分肌の大物がいた。従来はタイ・カッブ型の選手だったのに、次第にベーブ・ルース型へと変貌した。それは、それまでのニグロ・リーグの特色だった「1点の積み重ね」の野球から、「ビッグ・イニング」野球への推移を物語っていた。スコア3対2的野球より、15対11的ゲームをファンは望むように変わってきたからだ。

それだけではない。

ベーブたちの遠征、ニグロ・リーガーたちとの巡業は、相手選手たちに最高の力を出させる機会となった。仲間同士のリーグ内では、そこまでの精進はなく、金を稼げればいいという「のんびり野球」の一面があった。それが、相手が大リーガー、おまけにかのベーブ・ルースとくれば、全力プレイが自然に出てくるのであった。

ニグロ・リーグ野球が白人のファンをも集めるほどの人気を持ち得たのも、そしてそれが彼らの野球の認知へとつながったのも、それからだ。そうした底辺の理解や認知なくして、ジャッキー・ロビンソンに象徴される大リーグへの壁の突破はなかったろう。

ベーブと黒人選手との試合は、ボブ・フェラーの例と比較してみると、決して多くはない。しかし、その影響の程度においては、はるかに深いものだったといっていいのではないか。

Dream come true' for excluded blacks

acism kept
iem out of
ıajors but not
ınkee Stadium

lel Antonen

hen James "Red" Moore was growing up
lanta in the 1920s, he learned how to
baseball with a stick and a tennis ball.
: also read newspaper accounts and heard
ı broadcasts of baseball games played at
ee Stadium.
: never dreamed of playing on the same
as Babe Ruth and Lou Gehrig.
t in May 1938, as a Negro league first
man with the Baltimore Elite Giants,
re saw Yankee Stadium for the first time.
ras in awe.
looked so different than any other stadi-
says Moore, who hit an inside-the-park
e run there in 1941. "I had always wanted
e the 'House that Ruth Built.' We went
n on the field and started taking infield
tice. It was a dream come true."
nkee Stadium was built in 1923, and black
:ssional ballplayers first played there in a
fit doubleheader July 5, 1930. Negro
ue games were played at the stadium
ıg the 1930s and through World War II.
e games tapered off after Jackie Robinson
e the color barrier in 1947. But some
:s were played at Yankee Stadium in the
Js, according to Lawrence Hogan, who
e a Negro leagues history, *Shades of Glory*.
e stadium hosted a variety of exhibitions,
ıaments and benefit games. It also hosted
black All-Star Games, two World Series
nany other historic games.

1942 photo by Marty Zimmerman, AP

ヤンキー・スタジアムに姿を現した際のサチェル・ペイジ。伝説の剛腕を見たさに白人ファンが集まるなど、
ニグロ・リーグ野球がかなりの人気を得ていたことを報じたUSA TODAY SPORTS WEEKLYの記事

「アメリカンドリーム」の再興へ

女性の野球、黒人選手たちへのベーブの影響を辿ったが、あとは若者たちへのベーブの存在価値を書き加えておかねばならない。

ベーブ・ルースが野球を通じて喜びを与えた対象は、女性や黒人たちのみではなかった。一般の若者や社会人の多くの心に活力を与えるものとなった。

折しも、ベーブがホームランを打ち始めた時期というのは、アメリカが新たなフロンティアの必要に迫られていた、まさにその時だった。西部開拓の歴史は、アメリカ人に積極性や楽天性などを植えつけながら、彼らの国民性を特徴づけてきた。しかし、１８９０年の時点で、すでにアメリカにはフロンティア（辺境）がなくなっていたことが国勢調査によって証明された時、多くの若者はがっかりしたものだった。身分や家門にかかわらず、誰にでもあった成功の機会が、ついになくなってしまったと思えたのだ。すべての者に平等に向けられていた自己達成への機会が消えてしまったのかと多くの者が落胆しそうになった。

この時「新しいフロンティア」として登場したのが、スポーツの世界――特に野球だった。一個人の能力によって成功を勝ちとっていく世界が、ここにもあることを、彼らはベーブによって知ったのだ。１９２７年のベーブの話ほど、そのいい例はない。

国土の上ではフロンティアは消滅しても、アメリカ社会からそれが消えたのではなかった。フロンティアに代わるものとして、まだ「アメリカンドリーム」がスポーツの世界には残されていることを彼らは信じた。成功の可能性が、誰にもどこにでもあると信じられるほど嬉しいことはなかった。もちろん、そうはいっても、すべての人に成功が巡ってくるわけではなかったが、かつてのフロンティアに代わる世界が、まだアメリカにあると知ることだけでも、若者たちはどれほど救われたことだろう。それからあとの野球熱は、何よりもこのことを物語っている。ベーブ・ルースがアメリカンヒーローとなったのは、それを現実に示したからだった。

現役最後の日々

ベーブ・ルースが日本へやってきた1934年という年は、彼にとっては実質的に最後の年だった。レギュラーシーズンにおいて、彼は一応の成績は残している。125試合に出て、ホームラン22本、打点84、打率・288は、並に届かぬ選手たちにとっては羨ましいものだったかもしれない。しかし、野球界を牛耳ってきた彼には、不満足なものだったろう。

それが、翌1935年になると、ボストンに戻って、ナショナル・リーグのブレーブズでプレイしたのはいいが、出場ゲーム数はわずかに28。ホームラン6本、打点12、打率・181。これでは、もう死んだのも同然だった。

最後のゲームを探してみると、それは同年5月30日のダブルヘッダーの初戦だったことがわかる。

初回の攻撃の3人目に登場し、一塁へのゴロに終わっている。そして、そのままレフトを守っているが、それも初回のみで、あとはハル・リー選手と交代させられている。

では、最後のホームランはいつだったのか――という新たな問いを自ら作って、その解答を探すと、これが面白い。この本の初めが、ベーブの初ホームランはいつだったのかだから、終わりはそれでなければならなかった。

もしも、彼自身に最後の日を選定する権利があったとしたら、彼はこれより5日前の5月25日をその日として選んでいたにちがいない。その日、彼はピッツバーグのフォーブズ・フィールドでのパイレーツ戦に先発出場した。

初回の打席で、ベーブはレッド・ルーカス投手からライトのフェンス越しにホームラン。次の打席ではガイ・ブッシュ投手の投じるシンカーを、これまた右翼外野席にホームラン。5回に回ってきた打席では、シングルヒットに終わったが、7回には、再びブッシュ投手から、特大の飛球を放った。それは右翼外野席の屋根を越え、その向こうのシェンリー・パークにまで飛んでいった。それまでそんなに遠くまで打球を飛ばした人はいなかったから、フォーブズ・フィールド開場以来の最長打となった。1試合3ホームランを記録したこの3本目が、ベーブの最後のホームランだった。

ベーブほどの打者なら、そんなことはほかにも何度もあったろうと思われるが、実はこれを入れて二度のみ。ワールド・シリーズでは、3本のホームランを打ったことが二度ある。これが投手だった人の記録だというのだから、恐れ入る。

そう、ベーブ・ルースは投手だった。

時々それを確認しないと、つい忘れてしまいそうになる。

第一次世界大戦の影響下にあって、「スペイン風邪」というパンデミックは、どの球団をも選手のやり繰りに苦しめた。リーグ1の左投手だったベーブも、打力による貢献にも努めているうちに、ホームランでファンに報いるのが自分の道だと発見した。その結果としてのアメリカンヒーローだった。

生涯の終わりに、彼は大リーグの監督になる夢を持つが、その夢が叶えられることはなかった。しかし、彼が大リーグの監督にならなくてよかったという意見がもっぱらだ。きっと監督としては苦労していたに違いなかったし、時代的にもまた「大不況」が待ち受けていた。ベーブ・ルースは、やはり、ホームラン打者で終わるのがよかったのだ。

本書の冒頭にある彼の大リーグでの1号ホームランから、最後の記録的大ホームランまで、全部で714本。見事な本塁打王の人生だった。その間に「ブラックソックス・スキャンダル」によるアメリカ野球の危機を救い、多くの地方の人々にも楽しみを与え、若者には夢を運びアメリカンドリームの実存を証明した。また、女性の関心を集めてその権利の拡大に力を貸し、黒人選手たちの野球を表舞台に引き出し、日本を初め多くの外国にも野球を広めることに寄与した。

それらすべては、あのパンデミックに始まっていたのだ。

（完）

主な参考文献

1918、Allan Wood、Writers Club Press、2000
Babe Ruth At 100、Robert N. Kearn、AMS Press、2008
Babe Ruth's America、Robert Smith、Thomas Y. Crowell Company、1974
Babe Ruth's Own Book of Baseball、George H. Ruth、Nebraska Univ.Press、1992
Babe、Robert W.Creamer、Simon & Schuster、1974
Baseball and the American Dream、Joseph Durso、The Sporting News、1986
Baseball--An Encyclopedia of Popular Culture、Edward Rielly、ABC-Clio、2000
Boston Miscellany、W.P.Marchione、History Press、2008
Kenichi Zenimura、Bill Stables、Jr. Mcfarland & Company、2011
Past Time、Jules Tyglel、Oxford University Press、2000
September 1918、Skip Desjaroin、Regnery History、2018
The Babe in Red Stockings、Kerry Keene、Sagamore Publishing、1997
The Big Bam、Leigh Montville、Doubleday、2006
The Book of Baseball Literacy、David Martinez、A Plum Book、1996
The Life That Ruth Built、Marshal Smelser、New York Times、1975
The Year Babe Ruth Hit 100 Home Runs、Bill Jenkinson、Carrol & Graf、2007
Through A Diamond、Kerry Yo Nakagawa、Rudi Publishing Inc.、2001
War Fever、Randy Roberts & Johnny Smith、Basic Books、2020
Young Babe Ruth、Brother Gilbert、CFX、Mcfarland & Company、1999
『アメリカ黄金時代』、常盤新平、新書館、1976
『野球とニューヨーク』、佐山和夫、中央公論新社、2011
『日米野球裏面史』、佐山和夫、NHK出版、2005

ベーブ・ルースの年度別成績

■打撃成績

年度	チーム	打率	試合	打数	得点	安打	二塁打	三塁打	本塁打	打点	盗塁	四球	三振	出塁率	長打率	OPS
1914	レッドソックス	.200	5	10	1	2	1	0	0	0	0	0	4	.200	.300	.500
1915	レッドソックス	.315	42	92	16	29	10	1	4	20	0	9	23	.376	.576	.952
1916	レッドソックス	.272	67	136	18	37	5	3	3	16	0	10	23	.322	.419	.741
1917	レッドソックス	.325	52	123	14	40	6	3	2	14	0	12	18	.385	.472	.857
1918	レッドソックス	.300	95	317	50	95	26	11	**11**	61	6	58	**58**	.411	**.555**	**.966**
1919	レッドソックス	.322	130	432	**103**	139	34	12	**29**	**113**	7	101	58	**.456**	**.657**	**1.114**
1920	ヤンキース	.376	142	458	**158**	172	36	9	**54**	**135**	14	**150**	80	**.532**	**.847**	**1.379**
1921	ヤンキース	.378	152	540	**177**	204	44	16	**59**	**168**	17	**145**	81	**.512**	**.846**	**1.359**
1922	ヤンキース	.315	110	406	94	128	24	8	35	96	2	84	80	.434	**.672**	**1.106**
1923	ヤンキース	.393	152	522	**151**	205	45	13	**41**	**130**	17	**170**	**93**	**.545**	**.764**	**1.309**
1924	ヤンキース	**.378**	153	529	**143**	200	39	7	**46**	124	9	**142**	**81**	**.513**	**.739**	**1.252**
1925	ヤンキース	.290	98	359	61	104	12	2	25	67	2	59	68	.393	.543	.936
1926	ヤンキース	.372	152	495	**139**	184	30	5	**47**	**153**	11	**144**	76	**.516**	**.737**	**1.253**
1927	ヤンキース	.356	151	540	**158**	192	29	8	**60**	165	7	**137**	**89**	**.486**	**.772**	**1.258**
1928	ヤンキース	.323	154	536	**163**	173	29	8	**54**	146	4	**137**	**87**	.463	**.709**	**1.172**
1929	ヤンキース	.345	135	499	121	172	26	6	**46**	154	5	72	60	.430	**.697**	**1.128**
1930	ヤンキース	.359	145	518	150	186	28	9	**49**	153	10	**136**	61	**.493**	**.732**	**1.225**
1931	ヤンキース	.373	145	534	149	199	31	3	**46**	162	5	**128**	51	**.495**	**.700**	**1.195**
1932	ヤンキース	.341	133	457	120	156	13	5	41	137	2	**130**	62	**.489**	.661	1.150
1933	ヤンキース	.301	137	459	97	138	21	3	34	104	4	**114**	90	.442	.582	1.023
1934	ヤンキース	.288	125	365	78	105	17	4	22	84	1	104	63	.448	.537	.985
1935	ブレーブス	.181	28	72	13	13	0	0	6	12	0	20	24	.359	.431	.789
実働22シーズン		.342	2503	8399	2174	2873	506	136	714	2214	123	2062	1330	.474	.690	1.164

■ワールド・シリーズでの打撃成績

年度	チーム	打率	試合	打数	得点	安打	二塁打	三塁打	本塁打	打点	盗塁	四球	三振	出塁率	長打率	OPS	
1915	レッドソックス	.000	1	1	0	0	0	0	0	0	0	0	0	.000	.000	.000	対フィリーズ勝利
1916	レッドソックス	.000	1	5	0	0	0	0	0	1	0	0	2	.000	.000	.000	対ドジャーズ勝利
1918	レッドソックス	.200	3	5	0	1	0	1	0	2	0	0	2	.200	.600	.800	対カブズ勝利
1921	ヤンキース	.313	6	16	3	5	0	0	1	4	2	5	8	.476	.500	.976	対ジャイアンツ敗退
1922	ヤンキース	.118	5	17	1	2	1	0	0	1	0	2	3	.250	.176	.426	対ジャイアンツ敗退
1923	ヤンキース	.368	6	19	8	7	1	1	3	3	0	8	6	.556	1.000	1.556	対ジャイアンツ勝利
1926	ヤンキース	.300	7	20	6	6	0	0	4	5	1	11	2	.548	.900	1.448	対カーディナルス敗退
1927	ヤンキース	.400	4	15	4	6	0	0	2	7	1	2	2	.471	.800	1.271	対パイレーツ勝利
1928	ヤンキース	.625	4	16	9	10	3	0	3	4	0	1	2	.647	1.375	2.022	対カーディナルス勝利
1932	ヤンキース	.333	4	15	6	5	0	0	2	6	0	4	3	.500	.733	1.233	対カブズ勝利
出場10回		**.326**	**41**	**129**	**37**	**42**	**5**	**2**	**15**	**33**	**4**	**33**	**30**	**.470**	**.744**	**1.214**	

■投手成績

年度	チーム	勝利	敗戦	勝率	防御率	登板	完投	完封	投球回	被安打	失点	自責点	被本塁打	与四球	奪三振	WHIP
1914	レッドソックス	2	1	.667	3.91	4	1	0	23.0	21	12	10	1	7	3	1.22
1915	レッドソックス	18	8	.692	2.44	32	16	1	217.2	166	80	59	3	85	112	1.15
1916	レッドソックス	23	12	.657	**1.75**	44	23	**9**	323.2	230	83	63	0	118	170	1.08
1917	レッドソックス	24	13	.649	2.01	41	**35**	6	326.1	244	93	73	2	108	128	1.08
1918	レッドソックス	13	7	.650	2.22	20	18	1	166.1	125	51	41	1	49	40	1.05
1919	レッドソックス	9	5	.643	2.97	17	12	0	133.1	148	59	44	2	58	30	1.55
1920	ヤンキース	1	0	1.000	4.50	1	0	0	4.0	3	4	2	0	2	0	1.25
1921	ヤンキース	2	0	1.000	9.00	2	0	0	9.0	14	10	9	1	9	2	2.56
1930	ヤンキース	1	0	1.000	3.00	1	1	0	9.0	11	3	3	0	2	3	1.44
1933	ヤンキース	1	0	1.000	5.00	1	1	0	9.0	12	5	5	0	3	0	1.67
実働10シーズン		94	46	.671	2.28	163	107	17	1221.1	974	400	309	10	441	488	1.16

■ワールド・シリーズでの投手成績

年度	チーム	勝利	敗戦	勝率	防御率	登板	完投	完封	投球回	被安打	失点	自責点	被本塁打	与四球	奪三振	WHIP	
1916	レッドソックス	1	0	1.000	0.64	1	1	0	14.0	6	1	1	1	3	4	0.64	対ドジャーズ勝利
1918	レッドソックス	2	0	1.000	1.06	2	1	1	17.0	13	2	2	0	7	4	1.18	対カブズ勝利
出場2回		**3**	**0**	**1.000**	**0.87**	**3**	**2**	**1**	**31.0**	**19**	**3**	**3**	**1**	**10**	**8**	**0.94**	

ベーブ・ルース

1895年2月6日、メリーランド州ボルティモア生まれ。188cm 97kg、左投げ左打ち。投手・外野手。

本名はGeorge Herman Ruth。セントメリー校からマイナー球団のオリオールズと契約し、その後、大リーグのレッドソックスに引き取られ、1914年にデビューを果たす。翌15年から投手として頭角を現すが、同時に規格外の強打でも有名になり、レッドソックス在籍の間は二刀流でプレーする。1920年にヤンキースへ移籍。これを機に打者専念に傾き、長らく無敵のホームラン王として君臨。シーズン60本塁打は1961年にロジャー・マリス（ヤンキース）が、通算714本塁打は1974年にハンク・アーロン（ブレーブス）が更新したが、それまで大リーグ記録であった。1935年にブレーブスでプレーしたのを最後に、現役を引退。最優秀防御率1回、首位打者1回、本塁打王12回、打点王5回を数えた。1948年6月13日、ヤンキー・スタジアムでの背番号3の永久欠番式典に参加したのち、8月16日に53歳でがんにより死去。ニューヨーク州ホーソンの墓地に葬られた。

ルースの打撃フォーム

1934年に「世界最強チーム」の一員として来日した際のバッティングフォーム

おわりに

1918年から19年にかけて流行した「スペイン風邪」と呼ばれたパンデミックは、三波となって世界を襲った。『エンサイクロペディア・ブリタニカ』はおよそ2500万人の命を奪ったとしているが、ほかの情報では4000万から5000万に達したともされている。いずれにせよ、それは20世紀で最大の疫病には違いなかった。死者が最も多かったのがインドで、1250万人。アメリカでも55万人が犠牲になった。

第一波は1918年春、第二波は同年秋、そしてそれに引き続いて冬季に第三波がきた。ベーブ・ルースが罹ったのは先の二度だったが、病院での治療を受けたことも幸いして、格別な被害を受けてはいない。個人的な野球の成績には、別段なんの影響もなかったとはいえ、野球の歴史、さらにはアメリカ社会に与えた変化は大きかった。

歴史に「たら」「れば」は禁物と知りつつも、「あのベーブ・ルースが、野球の歴史にまさに登場しようとしていたその時、あのパンデミックがもしもなかったとしたら……」と思わざるを得ない。戦争はまだあったにしても、ベーブに投打両面での活躍を促す機会がさほど切実にあったかどうか。ホームランを打った時のファンの歓声が、投手としてゲームに投げ終えた時の彼らの反応よりベーブを喜ばせるものだと知ったかどうか。

　彼がホームラン打者となってからの大リーグの繁栄は、いうには及ばない。時期も時期。ラジオ、車、映画という時代の担い手とベーブとの結束で、野球もアメリカも驀進した。大リーグは、その時の遺産からだけで20世紀を食いつなぐことができた。たしかに、ベーブ・ルースは偉大なヒーローだった。

　翻ってみれば、大谷翔平選手への私たちの興味というのも、そんな偉大なベーブに、100年の時を超えてどこまで迫れるのか、いかにして追い抜くのかにあった。

　それはそれで十分に興奮に足るものだが、しかし、興味を記録上の数字のみにとどめていていいものなのか。ヒーローの真の業績とは、そんな数字のみにて語れるものではなく、それを以って社会に何をなしたかではないのか。

　好漢・大谷翔平選手は、その見事な活躍を以って、これからの社会にどんな刺激を与え、どんな文化を創出するのか。いかなる新地平を拓き、私たちの生活をいかに活性化させるのか。それを見極めたい。それを楽しみに、皆で応援しようではないか。

　本書の出版については、ベースボール・マガジン社の池田哲雄社長、及び木村康之氏に格別の御恩を賜った。深謝申し上げる次第です。

佐山和夫

佐山和夫（さやま・かずお）
1936年8月18日生まれ、和歌山県出身。慶應義塾大学文学部英米文学科を卒業してから、会社員、和歌山県立田辺高等学校の英語教師などを経て、「田辺イングリッシュアカデミー」を開校。後に作家となった。綿密な取材に基づく重厚な筆致で、第3回潮ノンフィクション賞、第4回ミズノスポーツライター賞などを受賞。アメリカ野球学会（SABR）、スポーツ文学会（SLA）に所属し、ベーブ・ルース学会でジョセフ・アストマン賞、アメリカ野球学会のトウィード・ウエッブ賞、ロバート・ピーターソン賞にも輝いた。日本高等学校野球連盟と阪神甲子園球場歴史館の顧問でもある。2021年1月14日、野球殿堂表彰者の特別表彰部門で殿堂入りした。

※写真左が著者、隣はセントメリー校（現カーディナル・ギボンズ校）の校長先生

それはパンデミックから始《はじ》まった

～ベーブの二刀流《にとうりゅう》、ホームラン熱《ねつ》、アメリカンドリーム～

2021年11月10日　第1版第1刷発行

著　　者／佐山和夫
発 行 人／池田哲雄
発 行 所／株式会社ベースボール・マガジン社
〒103-8482
東京都中央区日本橋浜町 2-61-9　TIE 浜町ビル
電　　話 03-5643-3930（販売部）
03-5643-3885（出版部）
振替口座 00180-6-46620
https://www.bbm-japan.com/

印刷・製本　共同印刷株式会社

The Pandemic Started Babe's Two-Way

Printed in Japan
ISBN 978-4-583-11427-9　C0075
Baseball Magazine Sha Co., LTD.

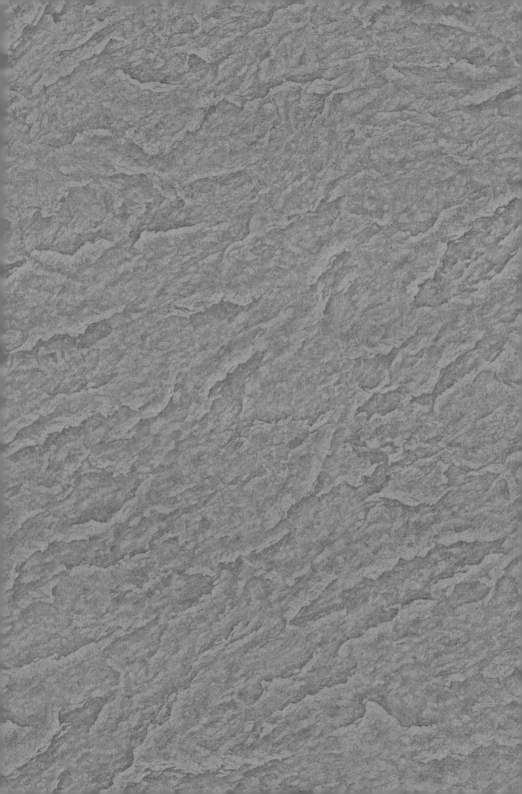